重庆师范大学文学院"精是"文库

教育部人文社科研究规划基金项目
(批准号:11YJA740027)

汉语方言时间词语的多角度研究

何亮 著

中国社会科学出版社

图书在版编目（CIP）数据

汉语方言时间词语的多角度研究 / 何亮著 . —北京：中国社会科学出版社，2023.9
ISBN 978-7-5227-2358-7

Ⅰ.①汉… Ⅱ.①何… Ⅲ.①汉语方言—时间—词语—研究 Ⅳ.①H17

中国国家版本馆 CIP 数据核字（2023）第 144936 号

出 版 人	赵剑英	
责任编辑	宫京蕾	
责任校对	赵雪姣	
责任印制	郝美娜	
出　　版	中国社会科学出版社	
社　　址	北京鼓楼西大街甲 158 号	
邮　　编	100720	
网　　址	http：//www.csspw.cn	
发 行 部	010-84083685	
门 市 部	010-84029450	
经　　销	新华书店及其他书店	
印刷装订	北京君升印刷有限公司	
版　　次	2023 年 9 月第 1 版	
印　　次	2023 年 9 月第 1 次印刷	
开　　本	710×1000　1/16	
印　　张	13	
插　　页	2	
字　　数	216 千字	
定　　价	65.00 元	

凡购买中国社会科学出版社图书，如有质量问题请与本社营销中心联系调换
电话：010-84083683
版权所有　侵权必究

序

何亮先生的新著《汉语方言时间词语的多角度研究》即将锓梓，来函索序。我乐观其成，所以不揣浅陋，欣然受命。

即将由中国社会科学出版社印行的这本新书是何亮的第三部语言学专著。前面两本是 2007 年由巴蜀书社出版的《中古汉语时点时段表达研究》和 2019 年由中国社会科学出版社出版的《汉语时空隐喻表达式的历时研究》。从书名便可以看出，时间词语、时空表达是何亮多年来一直关注的研究课题。事实上，早在从事硕士论文《〈三国志〉介词"以"及"以·宾"结构研究》写作之时，作者在对专书"以·宾"结构的语义表达分析中就关注到处所和时间的表达；而其后三年的博士论文（即《中古汉语时点时段表达研究》）写作，则进一步确立了汉语时间词语、时空表达的研究方向。如此说来，何亮对于汉语时空范畴的研究已经有二十来年的时间。在当下这个人心浮躁的社会环境中，静下心来读书做学问本已不易，以二十来年的时光专注于一个课题的研究更是难能可贵。

时空范畴是语言研究中非常值得关注的一个重要领域。20 世纪 40 年代出版的《中国文法要略》（吕叔湘），其下卷（初版，1944）之上编"表达论：范畴"连续用两章篇幅来讨论"方所"（第十二章）和"时间"（第十三章）。正如朱德熙所说，此书"下卷'表达论'以语义为纲描写汉语句法，许多见解富有启发性"（《汉语语法丛书序》，1980）。20 世纪 80 年代开始，随着汉语研究领域的不断扩展，古今汉语时空范畴的表达系统得到了越来越细致的描写，其形成机制也得到了越来越深入的揭示。这其中就包含了何亮多年来孜孜不倦的努力和引人注目的研究成果。

综观何亮这些年来的成果（三部专著和几十篇论文），我们可以看到他的研究是在下足了考索文献、占有资料的功夫的基础上进行的。阅读他的著述，不难感觉到其中考察典籍之广泛，引证材料之丰富。这些翔实的材料，无疑是能够对研究对象进行全面描写和深入探究的可靠基础。

除此之外，他的研究还具有视野开阔、论证深刻的特点，具体表现在以下方面：第一是在研究中力图打通古汉语与现代汉语、共同语与方言的关系，通过共时分布的描写和历时发展的考察，对相关问题作多角度、多层面的探究，从而对时间表达方式的整体面貌和时间范畴的构成机制得到全面深入的认识。第二是把握住语法研究中句法形式与语义内涵之间的关系，通过形式与意义之间的互相关联、互相印证来揭示汉语时间范畴表达的多样性和灵活性。第三也是最重要的一点，是对时间词语、时间范畴的考察和认识，始终置于"时-空"交融转换的观照之下，寻求线性时间与立体空间二者之间在言语表达上的关系，并且通过族群认知心理的分析，寻求汉语时间范畴与空间范畴的内在联系和转换机制。

据我所知，何亮这些年来承担了多项国家级科研项目的研究。包括2012年的国家社会科学基金项目，其成果为专著《汉语时空隐喻表达式的历时研究》；2011年的教育部人文社科项目，成果即这部题为"汉语方言时间词语的多角度研究"的专著；另有2021年获批、目前正在进行的国家社科基金重点项目"汉语方言方所词语的共时分布和历时演变研究"。从这些项目，我们可以大致了解到何亮语言研究的路径和特点，也能看出他的时空研究在当今汉语语法学界产生了一定的影响。

这本书的研究主要着眼于汉语方言，力求从共时分布和历时发展两方面的考察中，勾勒出汉语方言时间表达系统的基本面貌。作者详细描写现代汉语官话、晋语、吴语、徽语、湘语、赣语、客话、粤语、闽语、平话等方言中表示时点和时段的词语，揭示不同方言区时间词语在构词成分、构词方式、构成理据、意义表达等方面的异同关联，并且结合汉语发展史的考察，探讨各方言时间词语的来源及其变化；在此基础上，还进一步从语言类型学和认知语言学的视角，揭示汉语时间范畴的表达特点和形成机制。可以预期，这本书的出版，将有助于推进汉语方言词汇的研究、汉语词汇史和语法史的研究，对于汉语地域文化的认识和汉语教学中的方言辨正也会大有裨益。

近四十年来的汉语语法史研究表明，除了历代专书语法的研究之外，汉语语法范畴的研究是促进全面认识汉语语法系统的一个重要方面。而在语法范畴的研究中，时空表达的研究既有非常重要的研究价值，又有较大的研究难度。一方面，尽管古今汉语中的时间词语和空间词语都属于封闭型的词类，可以尽数列举进行描写分析，但学界对此的研究迄今尚未达到详尽明晰的程度，如果将视野放大到汉语的各种方言，进行各方言的细致描写和相互间的比照研究，所需要做的工作则更多。另一方面，虽然某一时段某一地域中时空词语是相对封闭的，但语言表达中的时空范畴却是一个开放的系统。汉语的时空表达总是随着历史和区域的改变而不断地演进，有承传，也有变异更新；即使是表达方式的形成机制，也不可能超越历史和地域而一成不变。因此，探究时空表达系统的丰富内涵和机理，必然需要众多学者投入长时间的研究时间和精力。记得当初何亮和我在信函往复中讨论这一研究方向，我曾经说过："时间范畴的研究应该说大有文章可做。只是在客观准确描写的基础上如何进行既合理深入又不囿于前人之见的解释，恐怕还是有比较大的难度。"这么多年来，何亮迎难而上，通过不懈的努力和坚持，终于取得了令学界瞩目的研究成果，实在可喜可贺。

何亮为人质朴恳诚，严于律己，重于修身。无论是对待工作还是生活，他都能长葆一颗赤诚之心。他的教学工作长期受到好评，多次荣获优秀教师称号。他的公众号"诗书有味菜根香"不时刊发文章，把自己阅读古书的领悟和观察现实的思考分享给读者，体现了他端直的为人之道和深厚的人文关怀。何亮在南京大学读博期间，曾给我来信谈到他阅读史书的心得，说"无论何时何地遇到什么，都要正视自己，乐观面对"。他当时是这样说的，其后的事实说明他的确也是这样做的。我读他的信后曾有一首七律奉赠，表达我对他人生态度的赞同，和对他为人为学境界的期许："人品高时学问高，为人为学路迢遥。今朝白下手披卷，昨日花溪人过桥。应感十年图破壁，所欣双燕苦营巢。乡贤陶令凭追摹，五斗米前勿折腰。"（《赠何亮》，2005年5月25日）何亮是江西彭泽人，曾官任彭泽、不为五斗米折腰的陶渊明是他素所景仰的先贤。他的书斋以"带月轩"为斋名，其意正在于此。

2007年，何亮的第一本专著出版，同年他的儿子坤健出生，双喜临门。他在来函中自言功力尚浅，著述多有粗疏处。我回函时曾打油一首："功成且莫论精粗，可贺添丁又出书。为学亦如养儿子，渐行渐长日日殊。"（2007年10月25日）转眼15年过去了，坤健已经成长为一个品学兼优的大小伙子，何亮的学问也越做越好，成果丰硕。为此，我要借这个机会向何亮表示衷心的祝贺，并且期待他的汉语时空范畴研究今后有更宽的视野，更多的创获，更为卓越的建树。

袁本良
2022 年 5 月 18 日于花溪守拙斋

目　录

第一章　引论 …………………………………………………… （1）
　一　研究价值和意义 ………………………………………… （1）
　二　相关研究概况 …………………………………………… （2）
　三　本书的研究内容及框架 ………………………………… （6）
　四　涉及的研究方法、相关理论及观点 …………………… （8）

第二章　汉语方言时间词语的共时分布与历时发展研究 …… （14）
　一　汉语方言［昨天］［今天］［明天］时间的表达系统
　　　及其来源 …………………………………………………… （14）
　二　汉语方言"今日"前后四日时间表达的词语类型
　　　及其来源 …………………………………………………… （33）
　三　汉语方言日内时间的表达格局及其形成 ……………… （46）
　四　汉语方言傍晚、夜晚义时间语素的共时分布与历时考察 …… （67）
　五　方言季节类时间词语的共时分布与历时考察 ………… （84）
　六　汉语方言主观时量时间词的共时分布与历时考察 …… （96）
　七　汉语方言时点标志词的共时分布与历时发展考察 …… （114）
　八　汉语方言时间疑问代词（"什么时候"义）考察 ………… （132）

第三章　汉语方言时间词语的其他相关研究 ………………… （146）
　一　汉语方言"X来"类时间词的词汇化特征探析 ………… （146）
　二　从方言看汉语"来去"类时间词语的隐喻认知问题 …… （158）
　三　《汉语方言大词典》时间词收词释词商补 ……………… （170）

结　语 ………………………………………………………（175）

附录　方言时间词语中方位成分的泛化现象及其成因 …………（178）

参考文献 ……………………………………………………（187）

后　记 ………………………………………………………（196）

第一章

引 论

一 研究价值和意义

本书所说的"汉语方言"指现代汉语方言,包括北方官话、晋语、吴语、徽语、湘语、赣语、客话、粤语、闽语、平话等;"时间词语"是指反映时点时段内容的时间名词及部分表时结构。所谓"时点",是用来表示时间的位置,指的是古往今来时间之流上的一个时间或特指相对于说话时间的一个时间。[①] 时段是用来表示时间的长短,可以表示具有起点和终点的或长或短的一段时间。[②]

"时间"是物质存在的基本形式,是物质运动、变化的持续性、顺序性的表现。[③] 语言文字是人类表达时间观念的形式之一,反映了人类对时间的认识。时间词语数量不大却很常用,是一个封闭性类别,值得我们关注。尽管人类对时间的认知有极大的共性,但因为认知、文化的差异,不同的语言对时间的表达方式也往往呈现出不同的特性。中国幅员辽阔,各地方言差别很大。一般认为,现代汉语方言的形成是多层次多来源的,与古代汉语有着密切的联系。汉语方言对时间词语研究而言无疑是一个巨大的语言宝藏。

时间词语一直是语言学界关注的热点之一。本书的研究至少具有以下几个方面的价值。

[①] 参丁声树《现代汉语语法讲话》,商务印书馆1961年版,第70页;李向农《现代汉语时点时段研究》,华中师范大学出版社1997年版,第20页;何亮《中古汉语时点时段表达研究》,巴蜀书社2007年版,第34页。

[②] 参何亮《中古汉语时点时段表达研究》,巴蜀书社2007年版,第134页。

[③] 参辞海编辑委员会《辞海》,上海辞书出版社1999年版,第3922页。

（1）目前尚未见到对汉语方言时间词语进行共时分布与历时考察的专门研究成果，本书有助于汉语方言词汇系统的研究，有助于拓展方言研究的领域。

（2）结合汉语发展史，研究各方言时间词语的异同，有助于深化汉语方言史、汉语词汇史语法史的研究。比如，"来"作为构词语素，在不同的方言中可出现于表示过去、将来的词中，也可以表示"时/时候"。这实际上反映了"来"的不同发展阶段。把这些现象同汉语史联系起来，既可开阔方言研究的视野，又可进一步深化汉语史的相关研究；同时，以时间词语为视角，还可以从一个侧面窥见现代各方言间的相互影响和相互关系。本书的研究能为汉语时间词演变提供一方面的印证材料，从而有助于汉语词汇史的研究。

（3）在比较不同方言的时间词语、概括汉语时间认知的基础上，以语言类型学为视角的研究有助于进一步深化对汉语时间隐喻方式的认识。目前对汉语时间表达的认知分析大都是建立在对普通话语言事实基础上的，其解释力有限。比如，"夜"除表示"夜晚"以外，有的方言区还用于表示"昨天""过去"。伍铁平指出在不少语言中，"昨天"和"夜间"是同根或同源词，如土耳其语、乌兹别克语。从语言类型学的角度阐释汉语时间隐喻方式、时间词语的构成理据，能揭示语言之间的共性，有助于认识人类时间表达的基本规律。

（4）本书研究成果有助于地域文化研究。时间表达与文化关系密切，比较汉语不同方言在时间隐喻方面的差异，将有助于我们更深入地了解不同地域在认知策略方面的共性和个性，有助于深化地域文化研究。

此外，本书还可应用于现实语文生活。方言与普通话、汉语与其他语言之间在时间词语的运用上存在较大的差异，本书相关成果可应用于普通话或对外汉语教学。

二　相关研究概况

在汉语时间词语的研究方面，学界取得了十分丰硕的成果。

现代汉语方面的成果主要体现在以下几个方面。

一是对现代汉语时间词语的表达形式、语法功能、语法意义、语用篇章的研究，如李向农（1997）的《现代汉语时点时段研究》、胡培安（2005）的《时间词语的内部组构与表达功能研究》、余东涛（2006）的《现代汉语时间词研究》、杨同用（2007）的《汉语篇章中的时间表现形式研究》，从不同的角度对现代汉语时间词语进行深入讨论。陆俭明（1991）、郭攀（1998）等也有论述。王灿龙（2017）还讨论了与"生""死"相关的几个时间词语的生成理据及表义特点等。

二是对时间词语的语法差异和认知解释的类型学研究，如伍铁平（1993）的《表示"明天"和"昨天"的词的类型学研究》、陆丙甫（2005）的《时间表达的语法差异及其认知解释——从"年、月、日"的同类性谈起》，非常富有启发意义。

三是从认知的角度对汉语时间表达形式进行研究，或探讨汉语的时间认知方式，如刘哲（1992）的《汉语"前""后"的时间指向及其不对称的成因》、史佩信（2004）的《汉语时间表达中的"前后式"与"来去式"》、刘瑾（2009）的《时间表达式"等明天"和"赶明儿"的认知解析》、张燕（2013）的专著《语言中的时空隐喻》等。此外，刘宁生、李宇明、张建理、何亮等也曾从不同方面加以阐述：或从中外对比的角度探讨汉语的时间认知特点，如张建理（2003）的《时间隐喻在英汉词汇中的对比研究》等；或从理论上探讨汉语时间表达的内在机制，如何亮（2015）的《汉语时空隐喻的意象图式表征系统及其表达体系》等。他们从认知语言学的理论视角，以不同于以往的方式方法考察汉语的时间表达形式，深化了汉语时间词语的研究。

四是从文化的角度对时间词语加以阐发，如张清常（1993）的《说"礼拜"——语文与文化的关系之一例》、吴平（1996）的《汉语的时间表达与中国文化》，金昌吉等也曾加以讨论。

五是从词汇化或语法化的角度研究时间词语，如张长永（2009）的学位论文《现代汉语表时双音词"X来"的词汇化及语法化问题研究》、陈昌来、张长永（2010）的《时间词"将来"的词汇化历程及其指称化机制》等系列论文，都着重从词汇化或语法化的角度分析现代汉语的时间词语。

这些研究在充分吸收西方语言学理论的同时，紧扣现代汉语语言实际，使得汉语时间词语研究在深度上得到极大开拓。

古代汉语方面的成果主要体现在以下几个方面。

一是收集整理古代记时语词，如王海棻（2004）的《古汉语时间范畴词典》，收集了三千多条时间词语，还对古汉语时间词语的特点、结构类型、记时方法、与记时有关的古代的社会文化等进行了深入探讨。

二是考察某一时期的时间表达形式或讨论时间词语的发展流变。考察时间表达形式的单篇论文很多，例如丁声树（1987）、郭芹纳（1995）、刘百顺（1997）、谭耀炬（2000）、杜翔（2002）、陈海波（2004）等。讨论时间词语发展流变的如段文清（1991）的《"次"的时间义及其源流》、江蓝生（2002）的《时间词"时"和"后"的语法化》、殷晓杰（2010）的《近代汉语"一会儿"义词的历时演变与共时分布》、朱庆之（2013）对"来日"一语的汉语史和文学史考察，何亮（2015）对中古汉语双音节"X来"式时间词语的考察分析等，对相关问题做了深入探讨。王云路（2021）的《从"凌晨"谈汉语时间词的同步构词》归纳概括了一些时间词形成发展的构词理据。

21世纪以来涌现了一大批硕博论文或专著，或描写分析某类或某部文献的时间词语，或进行时间词语的断代描写。例如何亮（2007）的《中古汉语时点时段表达研究》对中古汉语包括时间词语在内的时间表达形式进行专题研究，邓飞（2013）的《商代甲金文时间范畴研究》对商代甲骨文时间词语进行深入细致考察。此外，蔡言胜（2008）对《世说新语》方位词进行专题深入研究，张倩倩（2017）对东汉译经时间词语研究，陈挥地（2014）对《唐语林》时间词语研究，郭杰（2008）对《祖堂集》时间词语研究等。

三是从认知、文化机制的角度讨论时间词语的形成发展，如吴芳（2009）的博士学位论文对先秦汉语时间词汇形成发展的认知及文化机制进行研究，李彬等也有论文专门讨论这个问题。何亮（2012、2018）有系列论文讨论汉语时间表达的隐喻认知问题，如对表时结构"黄昏左右"与"黄昏左侧"进行认知解析，对"前""后"的时间指向及时间认知的古今差异进行全面深入的辨析。何亮（2019）的《汉语时空隐喻表达式的历时研究》对涉及时空隐喻的时间词语做了全面深入探讨。

可以看出，现代汉语和古代汉语对时间词语的研究不论是广度还是深度都取得了前所未有的成绩。然而，不管是现代汉语还是古汉语研究，对时间词语的研究总体上彼此区隔，既未能充分吸收彼此的研究成果，也未能充分利用方言研究的成果。

目前方言学界对现代汉语方言时间词语的研究成果主要体现在以下三个方面。

一是在资料的收集上，例如李荣（2012）主编的大型词典《现代汉语方言大词典》由42部方言词典构成，包括金华、杭州、温州、宁波、上海、崇明、苏州、丹阳、长沙、娄底、哈尔滨、乌鲁木齐、银川、西宁、万荣、西安、洛阳、徐州、济南、牟平、南京、扬州、成都、贵阳、武汉、柳州、太原、忻州、绩溪、南昌、黎川、萍乡、于都、梅县、福州、厦门、建瓯、雷州、海口、广州、东莞、南宁。每部词典都收录了时间词语。许宝华等（1999）主编的《汉语方言大词典》是一部汇集古今方言词语的大型工具书，[①] 陈章太、李行健等（1996）主编的基础性语汇汇编《普通话基础方言基本词汇集》列表对照93个方言点3200余条方言词语，比较全面地反映了北方官话词汇的基本面貌，也都收录了大量时间词语。此外，还有数量众多的方言论著都收录了大量有关时间概念的词语。

二是对某地方言中时间词语的研究。例如有范学建、陈平（2008）的《论闽语时间名词"字"》、史文静（2010）的《东北官话表示方位和时间的后加成分与相关词语》、朱琳（2013）对宿州方言时间词语的研究，连涵芬（2010）对闽南方言时间词语也进行了初步研究。陆书伟（2010）还从时间词的变化来考察山东东平方言人民生活的变迁。总体而言，对方言时间词语进行深入探讨的成果还不多。

三是对汉语方言时间词语的专题研究。近几年来，何亮（2012、2013）有系列论文讨论汉语方言时间词问题，例如对汉语方言"X来"类时间词语的探析，从方言看汉语"来去"类时间词语的隐喻认知问题等，特别是何亮（2015、2017）试图将方言时间词语的共时研究与历时研究结合起来，做了有益的尝试，使得方言时间词语研究得到一定的深化。

特别值得一提的是，日本学者岩田礼（2007）的《汉语方言〈明天〉、〈昨天〉等时间词的语言地理学研究》，对汉语方言表示"明天""昨天"时间词语的分布及演变做了深入的分析。岩田礼（2009）编写的《汉语方言解释地图》，通过词形的分类，通过分析词形和词义的关系，

[①] 2020年中华书局出版了《汉语方言大词典（修订本）》。

绘制了时间词语"早上""晚上""夜里""今天""明天""早上义语词的所指""昨天""晚上义语词的所指""后天""大后天""前天""大前天"等的方言地图，对这些词语的分布特征进行描写和解释，并对词语的变化进行解释。书中提出了几个主要的方言边界线和分布类型，归纳了方言词的传播以及传播的路线，非常具有启发意义。曹志耘（2008）主编的《汉语方言地图集·词汇卷》，绘制了全国930个地点的"今天""明天""去年"的分布图。

但是，全面深入地从不同角度对汉语方言时间词进行共时描写与历时研究相结合，并对共时分布进行解释的，还较为缺乏，都是个案的研究，不成系统。

目前学界在方言时间词语研究方面存在重描写轻理论，缺少比较研究、综合研究的倾向。方言学与"现代汉语""古代汉语"有着千丝万缕的关系，但方言时间词语研究较少引进现代汉语和古代汉语的研究成果，这些导致方言时间词语研究难以深入。方言时间词语研究的不充分也制约着现代汉语共同语和古汉语在这个方面的研究，不利于各学科的纵深研究，也不利于中国语言学的综合研究。

虽然早在20世纪朱德熙、邢福义就提出要把方言、现代汉语共同语和古代汉语结合起来研究，近年来吴福祥先生也提倡并进行了一些实践，但这种综合研究并未引起学界足够的重视。因此，打破藩篱，深入开展方言和现代汉语共同语、汉语史的综合研究，已成为一种必然趋势。对汉语方言的时间词语，根据不同的意义类别，从共时分布入手，结合历时考察，对这些时间词语的形成发展、在方言分布情况进行力所能及的解释，正是本书试图努力做到的。

三 本书的研究内容及框架

（1）本书的研究内容

本书拟在对现代汉语方言时间词语做较为全面深入的共时平面考察的基础上，将这些词语置于汉语史的大背景之下，考察这些词语在汉语史上的发展演变，试图对汉语方言时间词语的共时分布做一些解释说明。

《现代汉语方言大词典》包括十大方言区的四十二个点，大的方言区一般选三四种，总体上代表性较强，因此本书拟以《现代汉语方言大词典》所收录的时间词语为基础，以《汉语方言大词典》《普通话基础方言基本词汇集》以及数量众多的方言论著所收录的时间词语为辅。

本书在描写时注意以点带面。先以《现代汉语方言大词典》42册分地词典所收时间词语为"点"初步勾画不同类别时间的表达面貌，再以其他资料为补充，形成各方言区"面"上的勾勒。也就是对不同语义类别的时间词进行点面结合的共时分布考察。

本书注意以时间和地域为经纬，从"史"的角度来研究。结合汉语史、中国移民史，重点辨析各类时间词的历时发展。汉语史侧重时间上的联系，移民史侧重地域上的联系。并由此为切入点，讨论方言间时间词语的相互影响，讨论方言间的关系。

本书注意对各类时间词语共时分布格局的分析解释。一是注重从历时发展的角度解释，二是注重从认知的角度解释。

（2）本书的框架结构

本书以笔者2011年教育部人文社科研究规划基金项目"现代汉语方言时间语词的多角度研究"的前期成果为基础。围绕这个课题，笔者发表了系列文章，还有几篇未刊稿。这些文章大致围绕两大专题展开，一是运用概念隐喻理论观察汉语（含汉语方言）时间词语，并从认知语言学角度进行理论探讨；二是从共时历时相结合的角度，考察现代汉语方言时间词语的共时分布与历时发展情况，并且试图对这些现象进行解释。前者在拙著《汉语时空隐喻表达式的历时研究》多有涉及，本书则以汉语方言时间词语的共时分布与历时发展的描写及其解释这一主题及相关问题为中心展开。

具体而言，相同时间义域内不同的方言用以表达的时间词语有所不同，而不同的时间义域，方言中存在用相同的时间词语表达的情况。这可能是历史层积的结果，体现了各自的发展特征，也反映方言间的相互关系。本书以方言时间词语研究为纽带，把汉语史和现代汉语时间词语的研究有机地结合起来，找出它们之间的联系。

本书主体内容包括两大板块。

其一为汉语方言时间词语的共时分布与历时发展研究。这一板块由八个专题构成，涉及方言时间词语的不同义类，包括：

（1）汉语方言［昨天］［今天］［明天］的时间表达系统及其来源；

（2）汉语方言"今日"前后四日时间表达的词语类型及其来源；

（3）汉语方言日内时间的表达格局及其形成；

（4）汉语方言傍晚、夜晚义时间语素的共时分布与历时考察；

（5）汉语方言季节类时间词语的共时分布与历时考察；

（6）汉语方言主观时量时间词的共时分布与历时考察；

（7）汉语方言时点标志词的共时分布与历时发展考察；

（8）汉语方言时点疑问词（"什么时候"义）考察。

其二是汉语方言时间词语的其他相关研究。主要是通过对方言具体时间词语的考察，分析其背后蕴含的语言规律。涉及汉语方言时间词语的词汇化、隐喻认知等问题。包括：

（1）汉语方言"X来"类时间词的词汇化特征浅析；

（2）从方言看汉语"来去"类时间词语的隐喻认知问题；

（3）《汉语方言大词典》时间词收词释词商补。

作为"现代汉语方言时间语词的多角度研究"课题成果的一部分，从体系和内容的完整性来看，《从方言看汉语"来去"式时间语词的隐喻认知问题》及《方言时间语词中方位成分的泛化现象及其成因》两节理应包含在本书之中。但这两节的主要内容在拙著《汉语时空隐喻表达式的历时研究》中已经有所呈现。本书在《从方言看汉语"来去"式时间语词的隐喻认知问题》原作内容的基础上补充了一些方言和汉语史材料，修正了个别观点，仍放在本书第二板块。《方言时间语词中方位成分的泛化现象及其成因》不在本书正文出现，仅作为附录置于本书正文之后。

四　涉及的研究方法、相关理论及观点

本书拟吸收汉语方言、现代汉语共同语、汉语史的研究成果，引进认知语言学、语言类型学理论和方法，把共时研究与历时研究结合起来。对相关语言现象进行综合研究，使理论研究与汉语事实描写相结合。在全面考察各方言区时间词语的前提下，通过方言间比较、汉语方言与其他语言比较，在全面了解汉语方言时间表达的"个性"与"共性"的基础上，达到深入研究的效果。

具体而言，本书在具体描写的同时，力图做到纵横结合，意图运用认知隐喻理论、意象图式理论、语法化理论，并将之贯穿研究始终。在以往的研究中，笔者结合汉语史及汉语方言的语言实际，对相关理论问题进行了摸索，下面把与本书关系密切的一些理论及观点做简单介绍。

1. 关于纵横结合

本书的"纵"指时间词语的历时的汉语史考察，"横"指现代汉语方言中时间词语的共时分布。

岩田礼先生（1995）指出，"方言地理学假定：一个词的方言形式在地理（空间）上所形成的'横'的分布可反映各种形式在历史（时间）上的'纵'的层次。"

本书虽然并非方言地理学研究，但方言地理学的这一思想无疑有重要的借鉴和指导意义。

汪维辉先生（2018：26）在谈到基本词汇的研究时，指出："基本词汇的历时演变和在方言中的共时分布往往呈现出规整的对应性，可以相互印证，相互解释。对方言研究来说，历史的考察有助于方言词的溯源和对共时分布的解释，分清一组地域同义词的历史层次；对词汇史的研究来说，方言的现实分布有助于理清词汇演变的脉络和新旧更替的线索，因为汉语史上的一切事实都只能到历史文献中去寻找，必须用'文献考证法'，而文献资料是有限的，而且情况极其复杂，单靠'文献考证法'只能部分复原历史事实，永远不可能了解全部的真相，而一个词在方言中的分布情况，理论上是可以描写清楚的，只要有足够的专业知识和调查时间。因此，纵横结合研究汉语词汇是一条康庄大道，研究前景是很广阔的，有大量的问题需要探索。"

汪先生深入透彻地阐明了基本词研究中纵横结合的意义、重要性和价值。这也是本书努力贯彻的基本方法。

2. 关于概念隐喻

何亮（2019：5—7）综合 lakoff（2012）及蓝纯（2005）、赵艳芳（2001）、李福印（2008）的表述，把概念隐喻的主要内容概括为以下几点。

a. 隐喻是我们理解抽象概念和进行抽象推理的主要工具，使我们能够用较具体的或至少是结构性程度较高的主观事物，来理解相对抽象的或无内部结构的主观事物。"简言之,隐喻的根源完全不是语言,而是用一个心理域(mental domain)来理解另一个心理域的方式。"①

b. 隐喻是跨概念域的系统映射。隐喻就是将源域的图式结构映射到目标域之上,使得人们通过源域的结构来构建和理解目标域。

c. 隐喻是系统性的。一个隐喻概念(metaphorical concept)会产生许多彼此关联的语言表达,而不同的隐喻概念又共同构成了一个协调一致的网络体系。隐喻性语言(metaphorical language)是概念隐喻的外在表现。

d. 隐喻映射(metaphorical projection)不是随意产生的,它建立于人体、人的日常经验及知识的基础之上。

e. 一些隐喻映射具有共性的(universal),另外一些是广泛存在的(wide-spread),还有一些似乎是某种文化特有的(culture-specific)。②

3. 关于意象图式

所谓意象图式,Johnson 认为,为了适应环境、认知和把握客观世界,人们的感知、行为会建立起一定的模式。这些反复出现的模式、程式就形成了意象图式的基础。意象图式主要源于身体所体验的空间运动以及对物体的操纵经验。③

4. 汉语时空隐喻的意象图式表征系统及其表达体系

国内外学者对时间的概念隐喻进行深入研究,发现空间是时间隐喻的最重要源域。时间概念隐喻体现了空间关系、空间形状和空间位移,而空间关系和空间位移主要是以意象图式为表征的。在前人研究的基础上,何亮(2015、2019)的研究表明,汉语时空隐喻系统存在"时间是空间存在""时间是空间移动""时间是位移事件"三个概念隐喻。这三个概念隐喻都蕴涵于"时间是空间"这一最上层的隐喻之中。汉语时空隐喻系统由"整体—部分图式、容器图式、中心—边缘图式、远—近图式、前—后图式、上下图式、路径图式、线性序列图式、叠加图式、事件行为图式、位置图示"十一种意象图式表征,其中"路径图式"包含四种变体。汉语时空隐喻的意象图式表征系统构成相对稳定的语义框架,从而形

---

① 参 George Lakoff《隐喻的现代理论》,收于 Dirk Geeraerts 主编《认知语言学基础》,邵军航、杨波译,上海译文出版社 2012 年版,第 199 页。

② 参李福印《认知语言学概论》,北京大学出版社 2008 年版,第 132—133 页。以上见何亮《汉语时空隐喻表达式的历时研究》,中国社会科学出版社 2019 年版,第 5—7 页。

③ 转引自陈忠《认知语言学研究》,山东教育出版社 2006 年版,第 230 页。

成一个稳定但不断发展演化的表达体系。①

5. "时间在动""观察者在动"及"时间序列"隐喻

Lakoff 指出，当观察者固定不变，时间为相对于观察者的移动物体（即"时间在动"），此隐喻的蕴涵为：如果时间 2 位于时间 1 后，那么时间 2 相对于时间 1 而言处于未来；当时间是固定的场所，观察者相对于时间而移动（即"观察者在动"），则该隐喻的蕴涵为：时间有范围（extension），且可以度量，一个时间段就如同一个空间，可被看作一个有边界的区域。②

据张燕（2013：15）介绍，Núñez 和 Sweetser（2006）指出，除了上述两种隐喻类型外，还有另一种情况：以某个时间单位为参照点，反映几个时间单位的顺序，即"时间序列"隐喻（sequence of time in a path）。在"时间序列"隐喻中，重点关注时间单位的先后顺序，无须考虑时间是否运动，不涉及观察者所处的"现在"的时间，也无所谓"将来""过去"的时间。③

6. 关于"前""后"的时间指向及时间认知的古今差异

游顺钊（1994）、徐丹（2008）、张建理（2003）、史佩信（2004）、韩玉强、刘宾（2007）、陈振宇（2008）、蔡淑美（2012）等学者都对"前""后"的时间指向问题提出了各自的观点。他们的观察角度不同，观点有差异也有共同之处。例如他们都认为汉语中"前""后"既可以用于过去时间，又可以用于将来时间等。游顺钊、韩玉强等认为汉语"前""后"体现的时间认知方式古今发生了变化；陈振宇、蔡淑美则把"前""后"的时间义与句法语义限制联系起来。何亮（2018）的研究表明，认为"前""后"既表示过去又表示将来，是混淆了"前""后"的时空概念。"前""后"的空间或时间义，与人们的关注焦点有关，也与它们出现的句法环境、与之组合的成分的语义特征有关。就时间指向而言，

---

① 以上参何亮《汉语时空隐喻的意象图式表征系统及其表达体系》，《北方论丛》2015 年第 2 期。

② 参 Dirk Geeraerts 主编《认知语言学基础》，邵军航、杨波译，上海译文出版社 2012 年版，第 215—216 页。

③ 以上参张燕《语言中的时空隐喻》，语文出版社 2013 年版，第 15 页。按，笔者 2013 年在方言材料中也观察到了"夜快来"等词语是采用了与"时间在动""观察者在动"不同的另一种隐喻方式，具体请见本书第二章"从方言看汉语'来去'类时间词语的隐喻认知问题"一节。

"前"均表示时间较早或顺序在先,"后"表示时间较晚或顺序在后。"前""后"所体现的时间认知方式古今并无不同。但是,在汉语史上,"前""后"所体现的"人动时静"认知方式的表达形式有一个由潜隐到显露的发展过程。①

7. 关于汉语人体/物体部位词语空间—时间同表问题

何亮(2016)在考察汉语史及汉语方言中人体/物体部位词"首、头、末、梢、杪、尾、脚、跟/根、心、口、背、脚"后发现,汉语史和汉语方言中一些表示人体/物体部位的词语,往往还有表达空间方位和时间的用法。它们遵循着人体/物体部位>方位概念>时间概念这一共同的语义演变路径。语义演变的机制是转喻和隐喻,跨域映射先在概念层产生。而跨语言的研究则表明,人体/物体部位名词>空间方所词是许多语言共有的现象,汉语拥有更多的部位名词>空间方所词>时间概念词连续演变的具体表现。正如吴福祥(2007)指出:"方所词语特别是源自身体部位的方所词语,其形态句法和语义的演变通常是沿着一条可预测的路径进行的,因而呈现跨语言的共性倾向。"②

8. 关于汉语空间指代词的空—时同指现象

何亮(2019)年在考察汉语史近指空间指代词"兹、今、此、此间、是、是中、这、这儿、这下、这些、这其间、这程子、这疙瘩",以及远指空间指代词"彼、那儿、其间、何许、何处"时发现,汉语存在一些空间指代词存在空间概念、时间概念的同指现象。这是因为人们常常把时间看作地点,在这个时点位置上发生事件行为。在语言上的表现是时点时间词语本身可以像空间物体一样可以指称。这种语义演变由隐喻机制引起。这些指代词的空间>时间的语义变化显然是由语言语境引起的。"此""此间""这""这儿""何处"等词语本来用于空间,而在一些句子里用在时间方面,因此产生了语义上的冲突,迫使人们从隐喻的角度加以理解,其中蕴含着"空间是时间"的概念隐喻。空间域与时间域固然是两个不同的具有一定相似性的概念域,但因为空间与时间的不可分离性,它们具有很明显的相关性,因而,从这点来说,空—时隐喻其实也可以看成

---

① 以上参何亮《"前""后"的时间指向及时间认知的古今差异》,《重庆师范大学学报》2018年第4期。

② 以上参何亮《汉语人体/物体部位词语的空-时语义演变》,《古汉语研究》2016年第1期。

是一种转喻。① 实际上，这种空—时同指现象也出现在处所词身上。例如根据《汉语方言大词典》，江苏江阴"冷水湾头"既指偏僻、不热闹的地方，也引申指"离现在还有一段时间"："饭还在冷水湾里。"② "井尾坡"为地名，原指海康杨家镇井尾村后坡，也指一个民间节日。因为过去每年阴历三月二十二日都在这里举行全县规模的大型庙会，庆祝妈祖生日。其时各地商贾云集，热闹非凡。久而久之，"井尾坡"也就既指地名也指这个民间节日。③

以上理论或观点在本书各章节或多或少都有所体现。更全面深入的阐述，请参何亮 2019 年在中国社会科学出版社出版的《汉语时空隐喻表达式的历时研究》。

---

① 以上参何亮《汉语空间指代词的空-时同指现象》，《汉语史研究集刊》2019 年第 1 辑。
② 参许宝华、宫田一郎主编《汉语方言大词典》，中华书局 1999 年版，第 2884 页。
③ 参李荣主编《现代汉语方言大词典》（合订本），江苏教育出版社 2000 年版，第 434 页。

第二章

汉语方言时间词语的共时分布与历时发展研究

本章主要从不同的角度对汉语方言的时间词语的共时分布进行考察，并从历时的角度加以分析，试图初步描写这些词语形成与发展轨迹，并尽可能地对现有的分布格局进行粗浅的解释。主要包括八个专题。专题"汉语方言［昨天］［今天］［明天］时间的表达系统及其来源""汉语方言'今日'前后四日时间表达的词语类型及其来源"，是对相对时点时间词的研究；专题"汉语方言日内时间的表达格局及其形成""汉语方言傍晚、夜晚义时间语素的共时分布与历时考察"主要是对绝对时点时间词语的考察；① 专题"汉语方言季节类时间词语的共时分布与历时考察"是对时段词语的考察分析；专题"汉语方言主观时量时间词的共时分布与历时考察"是对方言主观时量词语的研究；专题"汉语方言时点标志词的共时分布与历时发展考察""汉语方言时点疑问词（'什么时候'义）考察"则分别对方言时点标志词和时点疑问词考察分析。

一 汉语方言［昨天］［今天］［明天］时间的表达系统及其来源②

本节要点：汉语方言［昨天］［今天］［明天］分布最广的几种表达

---

① 绝对时点、相对时点是笔者根据李向农（1997：14）习惯基准、当前基准的概念以及陆俭明（2003：364）所说相对时间词、绝对时间词而提出的。参何亮《中古汉语时点时段表达研究》，巴蜀书社 2007 年版，第 34 页。

② 本节主要内容发表于《中国语文》2017 年第 5 期。为适应本书体例需要，格式略有调整，另增加了一些例句。汤传扬（2018）提出不同意见，认为汉语方言［昨天］［今天］［明天］的时间表达系统主要源于古代以下三个表达系统：（1）"昨日、今日、明日"系统；（2）"昨朝、今朝、明朝"系统；（3）"昨天、今天、明天"系统。

类型分别是:"昨+词缀""昨+DAY 义成分""夜晚义成分""昨+夜晚义成分";"今+词缀""今+DAY 义成分";"明+词缀""明+DAY 义成分""早晨义成分""明+早晨义成分"。它们分别源于古代三个表达系统:1)"昨日、今日、明日"系统;2)"夜晚义成分+日、今日、早晨义+日"系统;3)"昨朝、今朝、明朝"系统。"昨+夜晚义成分""明+早晨义成分"则是不同表达系统融合的结果。

现代汉语方言［昨天］［今天］［明天］①的时间表达系统非常复杂。这样的格局是怎样形成的?与方言地理学从微观出发、摒弃古代文献不同,本节从相关词语在现代方言的分布现状出发,结合汉语历代文献,探求汉语方言［昨天］［今天］［明天］的时间表达体系的来源,并就相关问题进行讨论。

1. ［昨天］［今天］［明天］时间表达系统的现状

根据《汉语方言大词典》《现代汉语方言大词典》,参考《汉语方言地图集》《普通话基础方言基本词汇集》,以及岩田礼先生的相关方言地图,现代汉语方言［昨天］［今天］［明天］时间的表达形式主要见表2-1—表2-3。

表 2-1　　　　　　　　　　　　　　［昨天］

类别		词形及分布地点
昨类	昨（+词缀）	昨（银川）昨儿个（北京/哈尔滨/天津/承德/唐山/呼和浩特/赤峰/黑河/通化/沈阳/锦州/白河/甘肃敦煌/江苏淮阴/南京/徐州）昨个子（江苏盐城/扬州）昨根儿（四川奉节）昨个儿（保定/佳木斯/长春）昨每儿（徐州）昨子（南通/杭州/安徽太湖）昨嗯（丹阳）昨头（常州）昨来（枣庄/西宁/武威）昨里（河北邱县/湖北襄樊）昨个②（江苏涟水/安徽安庆/芜湖/合肥）昨家（福建建宁）
	昨 + DAY 义成分	昨天（北京/天津/承德/唐山/保定/沧州/邯郸/张家口/阳原/离石/太原/呼和浩特/赤峰/二连浩特/海拉尔/黑河/齐齐哈尔/哈尔滨/佳木斯/白城/长春/通化/沈阳/丹东/锦州/大连/济南/济宁/商丘/信阳/白河/汉中/西安/宝鸡/银川/兰州/敦煌/西宁/乌鲁木齐/哈密/济南/成都/南充/达县/西昌/大理/昆明/贵阳/遵义/柳州/桂林/宜昌/襄樊/天门/武汉/安庆/阜阳/芜湖/合肥/上海/扬州/南京/徐州等③）昨天儿（重庆）昨天子（杭州/上海）

---

① 为避免行文混淆,本节以［］表示语义,""表示词形。
② 有的记作"格",统一记为"个"。
③ 《普通话基础方言基本词汇集》93 个方言点中,仅石家庄、平山、大同、忻州、临汾、长治、临河、集宁、烟台、青岛、利津、诸城、林县、原阳、郑州、灵宝、绥德、天水、歙县、南通 20 个点未列"昨天"。

续表

类别		词形及分布地点
昨类	昨+DAY义成分	昨日（+词缀） 昨日①（武汉/崇明/上海/苏州/宁波/娄底/南昌/萍乡/黎川/于都/南宁平话/东莞）昨日儿（金华）昨宁（浙江黄岩）昨伲（苏州/吴江）昨日子（长沙/上海/吴江/如皋/东台②/浙江嘉兴/宁波/杭州）昨日头（吴江/昆山）昨日搭（苏州）
		昨朝（+词缀） 昨朝（安徽芜湖/宣城/郎溪/青阳/绩溪/旌德/泾县/江苏如皋/丹阳）昨道子（江苏东台）贼昨朝子（江苏泰州）
		昨晡 昨晡（福建连城新泉/武平/长汀/宁德/福安/大田前路/仙游/海南/江西南部/广东梅县）昨晡日（福建永定下洋/梅县/四川西昌/仪陇/海口）昨晡早（福建福安/福鼎澳腰/海口）
		其他：昨工（湖南宁远）昨卯里（江西永修）昨末（宁波）昨密（宁波）③
夜晚义类	夜类	夜④（+词缀） 夜（河南灵宝/山西静乐）夜儿（北京/山东牟平、荣成/河南洛阳/巩县/商丘/安徽界首/太和/陕西绥德/山西阳曲/临县/五寨）夜个（吉林长春/河北青龙/新城/魏县/大名/徐水/昌黎/邯郸/成安/山西曲沃/永济/运城/河津/陕西西安/宝鸡/甘肃天水/安徽阜南/蒙城/河南汲县/济源/安阳/四川三台）夜来（山西忻州/太原/济南）夜里（河北广宗/井陉/宣化/山东长岛/辽宁长海/山西汾西/洪洞/孝义/大宁/陕西中部/江西新余）夜儿个（黑龙江哈尔滨/佳木斯/肇东/绥化/吉林白城/内蒙古巴林左旗/集宁/北京/通县/天津/天津河/河北石家庄/唐山/井陉/邯郸/山西广灵/山阴/辽宁丹东/大连/河南郑州/洛阳/商丘/通许/原阳/沈丘/汤阴/山西新绛/吉县/临汾/洪洞/万荣/安徽阜阳/临泉/太和/陕西北部/西安/乌鲁木齐）夜儿里（山东梁山/平邑/曲阜/济宁/河南洛阳）雁儿们儿（山东济宁）夜儿佬（河北邯郸）夜了个（天津/河北沧州）夜来个（内蒙古巴林左旗/青海西宁/山西长治/河北张北/河北中部）夜来科（河北景县）夜里个（北京/新疆吐鲁番/新疆鄯善/山西襄汾/河北张家口/乌鲁木齐/哈密/河南南皮/青县）夜个儿（陕西户县）
		夜+DAY义成分 夜天（新疆吐鲁番/乌鲁木齐⑤/山西太原/四川邛崃/名山）夜日（陕西澄城）
	其他	隔+夜：隔夜则（江苏宜兴）隔夜（江苏江阴）
		秋晡日（广东梅县）宿晡（福建仙游/莆田）藏暝（福建松溪）领暝（福建建阳）隔暝（福建建瓯）崇暮（广东中山隆都）过暝（福建邵武）⑥

---

① 福州/厦门/雷州/海口等地的"昨日"指前天。

② 或记作"昨呃子"。

③ 按，宁波[昨天]也说"昨密子""昨末子"，[今天]宁波说"今密""今密子""今末""今末子"，故"末""密"当为相当于DAY义的成分。

④ 或记作"亚""野""雁"。

⑤ 小部分年纪大的人说"夜天"。

⑥ 这些词语的国际音标分别是：秋晡日 [tsʰiu⁴⁴ pu⁴⁴⁻⁴³ ȵit¹]、宿晡 [ɬop²¹ pou⁰]、藏暝 [tsaŋ³² maŋ³²]、领暝 [liaŋ²¹ maŋ³³⁴]、隔暝 [ka²⁴⁻⁴⁴ maŋ²²]、崇暮 [soŋ³¹ mɵ³¹]、过暝 [tʰo³⁵ mo⁵⁵]。

续表

类别	词形及分布地点
昨+夜晚义成分	昨夜（浙江温州/平阳）昨夜头（无锡）
	昨晚（浙江江山/广东斗门/江门白沙/开平赤坎/增城/中山石岐）昨晚日（开平赤坎）
	昨暝（福建永泰/古田/寿宁/建瓯/福州/浦城/明溪/光泽/邵武/石陂/仙游/东山/顺昌/沙县/三明/崇安/松溪/浙江常山）昨暝儿（福建福鼎）①
	昨暗（广东海康/江苏丹阳）昨暗日（广东海康/海口）
	昨昏（福建东山）
	昨暮（浙江丽水/乐清）
	其他：昨忙日（浙江文成）昨忙昏（浙江文成）昨姆日（浙江泰顺）昨鞋头（江苏江阴）昨绕（江苏溧阳/江苏徐州）
顺序义成分+DAY义成分	上日（上海/浙江诸暨/余姚/宁波/定海）上额子（杭州）上日头（江苏常熟）前奔日（广东台山）上朝（安徽太平）
其他	尚外日则（绍兴）尚日（浙江嵊州崇仁）啥安（江苏丹阳）长阿子（江苏金坛西岗）石尼（常熟）石尼头（常熟）早日（台湾）搀日（广东东莞清溪/中山南萌合水）渣日（广东潮州）遭日（广东揭阳）寻日（广东广州/信宜/佛山/斗门上横/香港/澳门）住日（广东恩平牛江）坐日（广东从化）重日（广西陆川）查晡（广东从化吕田）搀晡日（广东东莞清溪/深圳沙头角）寻晚（广东花县花山）

表 2-2 [今天]

类别		词形及分布点
今类	今+（词缀）	今儿②（哈尔滨/北京/石家庄/保定/景县/青岛/烟台/牟平/荣成/济宁/西宁/郑州/商丘/南阳/阳原/山西芮城/忻州/牟平/西安/银川/扬州/句容/杭州/四川乐至/宜昌/杭州）今儿里（山东济宁/曲阜/河南洛阳/新安/新野）今个③（东北/北京/河北雄县/青龙/大名/山西曲沃/芮城/河津/万荣/安徽阜阳/陕西渭南/陕西北部/河南孟津/甘肃兰州/新疆巴里坤/安徽合肥/芜湖/江苏扬州/盐城/四川洪雅）今个子（江苏高邮）今儿个④（吉林长春/安徽颍上/河南孟津/兰考/栾川/新乡/辉县/焦作）今个儿（黑龙江绥化/肇东/哈尔滨/吉林白城/通化/辽宁沈阳/内蒙古巴林左旗/集宁/呼和浩特/北京/天津/河北昌黎/保定/唐山/张北/满城/玉田/山西广灵/万荣/永济/长治/山阴/河南孟津/商丘/洛阳/新疆吐鲁番/乌鲁木齐/陕西关中/陕西北部/山东郯城/安徽阜阳/芜湖/太和/亳县/南京/扬州/徐州/邳州）今里（山东济宁/河北涉县）今里个（新疆哈密）今门（山东陵县/费县）今麻（山西吉县）今门儿（山东淄博/桓台/临朐/梁山/寿光/平邑/枣庄）今末啊（山西运城）今吗个（山西临汾/襄汾）今每儿（江苏徐州/山东曲阜）今下（江西宜春/高安老屋周家）

---

① 闽语区表示 [昨天] 的跟"昨"组合的 [maŋ]、[min]、[mɜ]、[mɛ] 人们或写作"瞢"或写作"暝"或"冥"，我们这里统一为"暝"。
② "今儿"或记作"根儿""真儿"。
③ 或写作"皆个"。今统一为"今个"。
④ 或记作"基个儿"。

类别		词形及分布点
今+DAY义成分		今日（+词缀） 今日①（沈阳/山西襄垣/榆社/太原/邯郸/利津/诸城/汉中/西安/南充/武汉/湖南双峰/娄底/南昌/于都/南宁平话/广州/东莞）今日儿（金华）今日子（长治/长沙）今日个（郑州/山西新绛）今仔日（厦门）今儿日儿（洛阳）今呃子（江苏东台）经日（广东潮州）
		今天（+词缀） 今天（北京/天津/承德/唐山/保定/沧州/邯郸/张家口/阳原/大同/离石/太原/临汾/临河/呼和浩特/赤峰/二连浩特/海拉尔/黑河/哈尔滨/佳木斯/长春/通化/沈阳/丹东/锦州/大连/青岛/济南/济宁/商丘/林县/原阳/信阳/白河/汉中/西安/银川/兰州/敦煌/西宁/乌鲁木齐/成都/达县/自贡/昆明/遵义/贵阳/柳州/桂林/宜昌/襄樊/武汉/安庆/阜阳/芜湖/合肥/徐州/扬州/南京）今天个（乌鲁木齐）真天子（贵州毕节/大方）今儿天（云南昭通/曲靖/四川丰都/忠县/苍溪/湖南吉首）今个天（甘肃兰州/安徽怀远）
		今朝（+词缀） 今朝②（安徽安庆/芜湖/铜陵/歙县/绩溪/上海/崇明/苏州/丹阳/无锡/溧水/启东吕四/常熟/昆山/南通/浙江苍南金乡/杭州/湖州/温州/建德/江西黎川/临川/波阳/彭泽/瑞金/万安/福建建宁/泰宁/明溪/武平/上杭/南平/建瓯/永安/沙县/邵武/建阳/浦城石陂/广东阳江③/湖北云梦/天门/随州/红安/浠水/黄梅/黄冈/四川自贡/合江/隆昌/南川/江津/綦江）今朝子（江苏兴化/东台/盐城/泰州/上海/长沙）根交④（丹阳）今朝头里（江苏常熟）
		今旦 今旦（福建仙游/澳腰/福清/闽侯洋里/大田前路/福州/雷州/海口）今旦日（福州）
		今晡 今晡（福建连城庙前）今晡日（广东梅县/深圳沙头角/四川西昌/仪陇/福建连城）
	今+其他成分	今夜（江西万载/宜丰/新余/丰城/樟树）今卯里（江西永修马口）今日早（广东花县花山）今早（浙江诸暨王家井/福建福安）今密（宁波）今末（宁波）今晏（广东中山隆都）今人（太原/太谷/榆次）今末（山西汾西）今打（福建浦城）今牙（江苏无锡）今阿（江西宜春/新余）今莽（山西隰县）今翁（湖南隆回）今啦（河北井陉）今阿子（江苏金坛西岗）今明儿（山东济南）今根日（浙江建德）
这+DAY义成分		这日（云南蒙自/思茅）这儿日（云南澄江）这暝（福建政和）
其他		眠起（广东揭阳/汕头）眠起早（广东揭阳）及日（浙江温岭/泰顺）该日（温州/丽水）该工（萍乡）即工（湖南宁远）

① 或记作"真日"等，今统一为"今日"。
② 或写作"真朝""根朝""更朝""今刁"，今统一做"今朝"。
③ 广州"今朝"义为今天早上，《现代汉语方言大词典》（五卷合订本）标为[昨天]，误。
④ "根交"实际上是"今朝"的白读。

表 2-3　　　　　　　　　　　　　　　[明天]

类别		词形及分布地点
明类①	明（+词缀）	明（山东牟平/河南密县/山西岚县/石楼/静乐/柳林/江苏金坛西岗）　明儿（牟平/西安/忻州/南京）　明个（东北/河北青龙/大名/河南郑州/洛阳/灵宝/陕县/信阳/鄢陵/河南新乡/焦作/博爱/沁阳/济源/甘肃兰州/新疆巴里坤/安徽合肥/芜湖/马鞍山/六安/巢县/阜阳/灵璧/宿县/五河/湖北十堰/江苏涟水/淮阴/扬州/阜宁）　明来（山东枣庄）　明里（河南新安/新野/山东济宁）　明儿个（北京/沈阳/吉林白城/通化/哈尔滨/佳木斯/肇东/内蒙古巴林左旗/赤峰/呼和浩特/集宁/天津/河北保定/沧州/昌黎/唐山/井陉/满城/青县/山东郯城/安徽芜湖/阜阳/界首/萧县/亳县/临泉/陕西西安/山西永济/芮城/临汾/吉县/广灵/山阴/长治/大同/河南郑州/商丘/乌鲁木齐/江苏赣榆/徐州/邳州/镇江/扬州/南京）　明格子（盐城）　明个子（陕西安康）　明儿里儿（山东梁山）
	明+DAY义成分	明日（+词缀） 明日（沈阳/山东利津/诸城/太原/汉中/南充/武汉/宜昌/娄底/南昌/南宁平话/萍乡）　明日子（长沙）　明儿日（云南昆明/玉溪/澄江/蒙自）　明日个（山西长治/郑州/陕西中部）　明日子（长沙）、明仔日（厦门）　明儿日儿（洛阳）　明呃子（江苏东台/金坛西岗）
		明天（+词缀） 明天（北京/天津/承德/唐山/沧州/邯郸/张家口/阳原/大同/离石/太原/临河/呼和浩特/赤峰/二连浩特/哈尔滨/黑河/齐齐哈尔/佳木斯/长春/通化/沈阳/丹东/大连/青岛/济南/济宁/商丘/信阳/白河/汉中/西安/宝鸡/银川/兰州/西宁/哈密/乌鲁木齐/济南/宜昌/襄樊/安庆/阜阳/芜湖/合肥/徐州/连云港/涟水/南京/扬州/武汉/桂林/柳州/遵义/成都/贵阳/昆明/云南牟定/太原）　明天个（乌鲁木齐）　明天儿（重庆）、明儿天（云南昭通/湖南吉首）　明个天（甘肃兰州/安徽怀远）　明天子（贵州黎平）
		明朝②（+词缀） 明朝（安徽安庆/庐江/芜湖/桐城/当涂/铜陵/太平/繁昌/歙县/绩溪/旌德/岳西/太湖/望江/宿松/江苏如皋/苏州/丹阳/启东吕四/南通/江阴/常州/吴县/泰州/靖江/溧水/浙江建德/温州/宁波/丽水/金华/苍南乡/青田/杭州/诸暨王家井/湖州双林/绍兴/上海/上海崇明/松江/宝山/南汇周浦/江西临川/波阳/彭泽/吉安/横峰/黎川/于都/瑞金/赣州蟠龙/上犹社溪/福建建宁/泰宁/明溪/清流/三明/沙县/建瓯/浦城石陂/南平/南平峡阳/邵武/湖北天门/随州/红安/四川自贡/山西永济/芮城/河津/汾南/汾北/曲沃/万荣/湖南长沙/常德/安乡）　明朝子（江苏东台/泰州/苏州/上海/长沙）　明朝日（浙江文成/广西陆川）　明朝头（上海/崇明/无锡）　明朝后则（浙江绍兴）
		明旦（+词缀） 明旦（山西襄汾/福建福州/寿宁/古田/闽侯洋里/大田前路）　明旦个（临汾）
	明+早晨义成分	明晡（江西大余/广东始兴）
		明早（+词缀） 明早（南宁/雷州/甘肃天水/青海西宁/山西大宁/灵石/隰县/福建漳平/福安/广东海康）　明早儿（西宁）　明早个（山西新绛）　明早日（广东东莞清溪/深圳沙头角/雷州）　明早起（福建福鼎）
	明+其他成分	明朝早（南宁）
		明卯里（江西永修）　明光（广东中山隆都）　明昨（山西汾西）　明载（福建厦门/台湾）　明那日（福建厦门）

---

①　或记作"门""萌""迷""麻"等，今统一为"明"。
②　"朝"或记作"道""刀""交"等，今统一为"朝"。

续表

类别	词形及分布地点
早晨义词语类	晨早（广东中山南萌合水）晨朝日（广东梅县/惠州）晨朝晡（广东翁源）天早（广东江门白沙/台山台城/开平东坎/恩平）、天朝日（广东斗门）、听早朝（广东斗门）听日（广东广州/番禺/从化/珠海/香港/澳门）① 早起（山西太谷/榆次/太原）复早（福建福鼎澳腰）逢早（福建莆田/仙游）展晨（山西长子）新朝（江西万安）旦白（海口）现旦（日）（海口）
天亮/天光	天光（福建宁化/长汀/上杭/武平/武平东乡）天光日（广东梅州/福建永定下洋）天亮（浙江黄岩）天酿（浙江温岭）
位移动词+时间成分	来日（山东梁山/广东阳江）来早（广东阳江）来朝（上海）过明儿（山东菏泽）当明儿（辽宁长海）到明儿（济南）赶明（河北广宗）赶明儿个（东北/河北保定）
顺序义+时间成分	后日（云南楚雄）下晡（广东从化吕田）
其他	电棉（山西文水）成晡（福建连城庙前）兴日（广东南海沙头）良日（湖南耒阳）定晡日（广东梅县）展（山西长子）第明（山西孝义）添工（湖南宁远）添的日（湖南临武）雾之日（广西陆川）

考察表 2-1—表 2-3，［昨天］［今天］［明天］分布最广的几种类型分别是："昨+词缀""昨+DAY 义成分""夜晚义成分""昨+夜晚义成分"；"今+词缀""今+DAY 义成分"；"明+词缀""明+DAY 义成分""早晨义成分""明+早晨义成分"。［昨天］［今天］［明天］的各种表达方式与地域分布、所属方言区之间也具有较强的对应规律。

1）官话区（江淮官话除外）内部一致性相当强。

"昨+词缀""昨天"与"今+词缀""今天"以及"明+词缀""明天"的分布大致相当，主要分布在长江以北的东北官话、北京官话、冀鲁官话、中原官话、兰银官话以及西南地区的西南官话。

"夜 X"与"今+词缀""明+词缀""今天""明天"分布的地区大部分重叠，主要集中在山西的晋语、河南、陕西、河北的中原官话、冀鲁官话及东北的东北官话。

2）相比"昨天""今天""明天"，"昨日""今日""明日"更多地分布在湖南、江西以南的南方。包括湖南、江西、广东、广西、浙江、江

---

① 甘于恩（2003）认为"听日"为"天日"的音变。而"天日"源于"天朝"或"天早"，为"天朝日"的简省。

苏等地的湘语、赣语、吴语、南宁平话、粤语。

3）吴语、徽语、赣语、江淮官话有较大的相似性。

"今朝""明朝"主要在吴语、徽语、赣语（抚州广昌片、鹰潭弋阳片）、江淮官话、湖南北部；"昨朝"主要集中在安徽的徽语区及部分江淮官话区；"明朝"分布范围大于"昨朝"。

4）浙南吴语、闽语、客话、粤语具有较大的相似性。

以源于夜晚义的"暝/晡/暮"或"昨+夜晚义成分"（如"昨暝/昨晡/昨暮"）等形式表示<昨天>，集中在浙江南部的吴语区、福建的闽语区、闽语相邻的客话区及广东的粤语区。

5）一个明显的趋势是：地理位置偏北的以中原官话和晋语为中心的北方官话区（含北京官话、胶辽官话等），基本用"夜"表示<昨天>；① 地理位置在中间的江淮官话、西南官话、吴语、湘语、赣语、部分客话，多用"昨"表示<昨天>；② 闽语、部分客话采用"昨+夜类成分"的方式。

下面我们的讨论主要围绕［昨天］［今天］［明天］分布最广的几种类型进行。

2. 历史来源

从方言现状及历史文献来看，我们认为从汉语史的角度看，汉语方言［昨天］［今天］［明天］时间的表达系统有三个来源：（1）带有通语性质的"昨日、今日、明日"系统，这一系统的部分地区后来发生"天"对"日"的替换；（2）"夜晚义成分+日、今日、早晨义+日"系统，这一系统同样很古老，主要分布在淮河以北的北方地区；（3）"昨朝、今朝、明朝"系统，这一系统曾经分布广泛，源自南朝通语。"昨+夜晚义成分、今+时间单位、明+早晨义成分"这一表达类型分布区域较小，是方言间融合的结果。

1）"昨日、今日、明日"→"昨天、今天、明天"系统

无论从历史文献还是现代方言看，我们都赞成岩田礼先生

---

① 其中，北京、哈尔滨、济南、乌鲁木齐等地"昨"与"夜"同时存在。东北、冀鲁官话区主要用"夜"表达"昨天"。

② 岩田礼先生（2007）指出"昨"的分布领域主要是淮河—秦岭以南，而北方多数以"夜"为开头，"夜"是词根。这与我们的观察一致。

(2007)把"昨日、明日、今日"视为一个古老系统的观点。① 从我们的考察及《汉语方言地图集》可以看到,北方的甘肃、青海、内蒙古、山西、山东,南方的湖南、江西、广西等"昨日、今日、明日"都大面积分布("明儿/昨儿/今儿"等加词缀的组合属于这一系统)。②

从历史文献看,甲金文表示[今天]有"今日",但并无专用表示[昨日][明日]的词语。姚孝遂、肖丁先生(1985：141)指出"翌"(或称"翌日")虽然多数表示第二日,但有时并不指第二日,其所指范围不得越出旬日之内;常玉芝先生(1998：43—47)认为"翌"主要指九天以内的日期,"翌日"强调第二天的白天。邓飞(2013：48)指出在卜辞中凡"今日"以前的时间都可以称"昔"。

先秦已有"昨日"(今天的前一天)、"明日"(今天的后一天)的用例。

值得注意的是,据汪维辉先生(2000：15)考察,早在中古时期就发生"天"对"日"的替换。蒋绍愚先生(2012：156)指出南北朝时期出现"春天""夏天""秋天""冬天"。但是我们发现直到清代小说《歧路灯》才见到少量"昨天""明天"的用例。③ 如：

(1)早已见九娃在楼门前等着,说道："班上人等着,如何昨天一天没到戏房去?"(《歧路灯》第23回)

(2)胡其所自觉失口,急忙说道："我明天在你大爷哩地里,送你一块平安地,你启迁启迁。"(《歧路灯》第61回)

岩田礼先生(2007)认为"明个"的"个"后来被"天"代替,是出于两者都有作为量词的共性。我们认为情况并非如此。一来"明天"出现之前,我们在文献中找不到"明个"表示明天的用例;二来时间词

---

① 岩田礼先生(2007)认为汉语方言早期并存两种系统：一是中心语素为"日"的A系统(即"昨日、明日、今日"),二是"昨夜、今日、明朝"的B系统。粗略说来,南方多维持B系统而北方多维持A系统。

② 赵元任先生(2001：245)明确指出"昨儿、今儿、明儿"的"儿"是"日"的弱化形式。按,我们认为"上""来"等词缀各有来源,拟另文讨论时间词后缀的来源问题。

③ 蒋绍愚先生(2012：159)指出咸丰年间的《花月痕》才见"今天""明天"等用例,偏晚。

后缀除了"个",还有"儿""里""上""来"等,这些成分没有量词的用法。

岩田礼先生(2007)指出"天"类时间词先开始在江淮地区使用,"今天"和"昨天"很可能产生在长江下游的核心地区。因为这两词主要分布在长江流域,北京以及东北等地区可能是后世从江淮移植所致。

从历史文献的记载来看,情况未必如此。根据我们的考察,"今天""明天"的分布固然包括长江流域,但也包括中原官话、冀鲁官话等广大地区;长江下游地区最密集的是"今朝""明朝"。现在我们检索到的较早的"昨天""明天"用例的文献是乾隆时期豫人李绿园所著的《歧路灯》,李绿园出生于河南宝丰县,属于中原官话。① 考虑到宋元明时代均未见相关用例,我们认为,直到清代,北方的一些地区才开始发生"昨天""今天""明天"对"昨日""今日""明日"的替换,② 因而在北方特别是在中原地区"明日"与"明天"、"昨日"与"昨天"等词语交错分布乃至同时存在;南方的广东广西等地仍保留了早期"日"的用法;西南地区因其开发较晚,多说"明天""今天";江淮官话区有的地方说"明朝"也说"明天",则是"明天"扩散的结果。

2)"夜晚义成分+日、今日、早晨义成分+日"系统

这是一个古老而带有地域性的表达系统。该系统的存在主要基于以下事实。

其一,从现代方言看,在北方,尤其是在以中原地区为核心的山西、河南、河北南部、陕西关中、山东西部、安徽北部等广泛密集存在表示昨天的"夜儿/夜个/夜来"等以"夜"为核心语素的"夜X"类词语。陕西澄城的"夜日",吐鲁番、乌鲁木齐、太原、四川邛崃、名山等地的"夜天",洛阳等地的"夜儿日儿"等词语都表示昨天。

---

① 按,《红楼梦》只说"今日""明日""昨日"。关于《红楼梦》的基础方言,有北京、南京、扬州、苏州等几种说法,而聂鸿音(1987)从谐音字和叶韵字的角度证明《红楼梦》的基础方言是北京话和江淮官话。这也说明"今天"、"昨天"不是产生于长江下游的核心地区。

② 部分地区之所以发生"日"被"天"替换,或许是因为在这些地区"日"的语音与作为詈词(fuck)的"日"同音。考察《汉语方言地图集》fuck(vt)一词的分布,"日"主要分布在山东南部、苏北、贵州、重庆、云南、河南、陕西、山西南部、甘肃、青海、宁夏一带,主要包括中原官话、西南官话;"入"主要分布在江苏中部、浙江西北部。"日"在《广韵》是质韵日母,"入"属缉韵日母,均为入声,二者读音相近。对比相关地图,这些地区表达[明天][今天][昨天]时都不用"日"。

其二，从历史文献看，先秦文献中存在"夜日"表示前一天、"旦日"表示明天或第二天的用例。如：

（3）吴起治西河，欲谕其信于民，夜日置表于南门之外。（《吕氏春秋·慎小》）

（4）绎者，祭之旦日之享宾也。（《谷梁传·宣公八年》）

"旦日"表示第二天的例子又如：

（5）梁丘据见晏子中食，而肉不足，以告景公，旦日，割地将封晏子，晏子辞不受。（《晏子春秋·内篇杂下第六》）

汉代"旦日"表示明天或第二天多见，仅《史记》就有14例。如：

（6）臣意复诊之，曰："当旦日日夕死。"（《史记·扁鹊仓公列传》）

《后汉书》仍有不少"旦日"表示第二天的用例。然而从检索的语料看，唐代"旦日"就更多地表示天亮时间，表示明天或第二天的用例少见。①

岩田礼先生（2007）认为"昨天"义的词，北方均前置"夜"，这必定是后起的变化所致，他推测过去曾有一个时期"夜来（夜里）"遍及全国并表达晚上义；当时昨天义的词有两种：北方的"昨日"和南方的"昨夜"；同时他指出，后来在淮河以北的方言中"夜来"（"夜里"）转而变指〈昨天〉，以致取代"昨日"。此时晚上义则由两种词填补：一是"黑"类词（"黑夜、黑家、黑下、黑上、黑地"等），二是"后响"类，后者是从下午义引申过来的。

考察历史文献，"夜来"一词的词义大致经历了以下发展过程：夜晚（魏晋）→昨天晚上（唐）→昨天（宋元）。

魏晋南北朝时期，随着"来"的词缀化，出现了"夜来"表示夜晚

---

① 表示天亮时间的用例如：三主之俗，东方为上。其居室则东辟其户，旦日则东向以拜。（唐·玄奘《大唐西域记·序论》卷第一）

的用法。如：

(7) 吾夜来腹痛，不堪见卿，甚恨。（王羲之《杂帖》，《全晋文》卷 26）

唐宋时期"夜来"可以表示昨夜：

(8) 春眠不觉晓，处处闻啼鸟，夜来风雨声，花落知多少。（唐·孟浩然《春晓》诗）

"夜来"表示昨天的确切用例是宋元时期：

(9) 笑捻粉香归洞户，更垂帘幕护窗纱，东风寒似夜来些。（宋·贺铸《浣溪沙》词）

(10) 夜来八月十五日，你不出来，今日八月十六日，你可出来。（元·无名氏《度柳翠》第二折）

关于"黑"，在汉代我们就能见到"黑"表示昏暗无光、黑暗的用法。如：

(11) 京房《易传》曰：……厥异日黑，大风起，天无云，日光晻。（《汉书·五行志第七下之下》）

由昏暗、黑暗转指夜晚是很自然的发展。在中唐的诗歌中就能看到"黑"用于表示夜晚。

(12) 侵黑行飞一两声，春寒啭小未分明。（唐·王建《和门下武相公春晓闻莺》）

而目前所知，"后晌"① 表示下午的用例，直到元代才有。如：

---

① 王凤阳（1993：5）认为"晌"源于"饷"，送食物予人称"饷"，农忙季节在午间饷田，故把午时称为"饷"，作为时间词，"饷"字被写作"晌"。

（13）今约量拟定下项数目，仍令食用新肉；如无新羊肉，杀与鸡者，省府除外，照验施行：海青兔鹘，早晨二两，后晌三两；鹰儿鸦鹘，早晨一两，后晌二两。（《元典章·户部二·官吏》）

"后晌"由下午义引申指晚上，当是更晚些时候。

汉语早在甲骨文时期就用"夜"表示夜晚，先秦文献也多有用例。问题在于，夜晚义的"夜来"为什么会转指［昨天］？我们认为跟汉语原本就存在"夜晚义成分+日、今日、早晨义成分+日"这一表达系统有关。

伍铁平（1993）从类型学的角度归纳各种语言中表示<昨天>的词的来源为四种类型，其中两种与［夜晚］有关。有的表示［夜晚］的词同时用来表示［昨天］；有的表示［昨天］的词从表示［夜晚］的词派生：其一用表示［夜晚］的词的标志时间意义的格变形式表示［昨天］，其二从共时分析可视为加后缀（如"夜儿"等），其三从共时看是用加长元音的方法。可见，以夜晚义成分表示昨天，是世界上许多语言共有的现象。

"夜来"因受汉语原本存在的"夜晚义成分+日"表达系统的影响而发生转指。唐代"夜来"表示的［昨天晚上］，意义已经发生了演变；用"黑"类词语指称晚上，在中唐就有用例。"后晌"表示晚上，是比较后起的。

综上所述，我们认为汉语本身就一直存在以"夜"为核心语素表示昨天的用法；"夜儿"等附加式词语是由于"日"的音变造成的，① "夜来"则是受"夜日"类的影响而发生转指。

汉语北方的方言中虽然未见"早晨义成分+日"的早晨义词语，但不少地方仍存在以"旦"为中心语素表示明天的词语，如山西襄汾、临汾等的"明旦"。这可能是因为后来"旦日"逐渐受其他方言<明天>表达形式的侵蚀，仅少数地方保留"旦"这个语素表示明天。

需要特别指出的是，"夜日、今日、旦日"只是作为夜晚义表示昨天，早晨义表示明天的这一类型的代表，夜晚义可以是其他成分，早晨义也可以是其他成分。

---

① 吴安其先生（2010：61）指出，亚洲北方语言末音节弱化的共同特点在汉语北方方言表现为复音词的轻声。"夜个"等的词缀的来源，我们拟另文讨论。

3)"昨朝、今朝、明朝"系统

这个系统的存在主要基于以下事实。

第一,方言中存在较为广泛的"昨朝—今朝—明朝"分布区,主要集中在江苏南部、浙江大部、安徽南部、湖北东部、江西东部和东北部、福建西北等地的吴语、徽语、江淮官话、赣语中。山西、陕西也有零星分布。

第二,南北朝文献中已常见"明朝"表示明天、"今朝"表示今天的用例。如:

(14) 英沉吟未决,永曰:"机者如神,难遇易失,今日不往,明朝必为贼有,虽悔无及。"(《魏书·傅永传》)

《诗经·小雅·白驹》"絷之维之,以永今朝"中的"今朝"是今天早晨的意思,但南北朝已有表示今天的意思。如:

(15) 中觞纵遥情,忘彼千载忧;且极今朝乐,明日非所求。(《先秦汉魏晋南北朝诗》之陶渊明《游斜川诗》)

唐代及以后朝代都有"今朝"表示今天的文献用例。如:

(16) 瓶沉簪折知奈何,似妾今朝与君别。(唐·白居易《井底引银瓶》诗)

南北朝时期虽然没有见到"昨朝"表示昨天的用例,但在唐代有不少用例。

(17) 卿等昨朝作是断者,无烦今日重集劬劳。(唐·义净《根本说一切有部毗奈耶杂事》卷28)①

我们的检索表明,文献中或是"今朝"—"明日"并举,或是"今

---

① 唐诗用例如:昨朝惆怅不如君,今日悲君不如我。(卢仝《杂兴》)

日"—"明朝"对举，或是"昨朝"—"今日"对举，而"昨朝""明朝""今朝"两两对举使用的情况极为罕见。我们认为这一是出于平仄的要求，二是由于行文避复造成的。

"昨夜"与"明朝"在古汉语（包括古代方言）中不处于一个系统，或者说它们分别属于不同的方言系统。一则我们在"明朝""今朝"使用的时代，从未见到"昨夜"（含"昨暝"）之类表示［昨天］的用例；二则现在使用"昨夜"表示［昨天］的地区很狭小，而"明朝"使用的区域广大，且只有个别地区同时用"昨夜"表示［昨天］用"明朝"表示［明日］。

岩田礼先生（2007）认为历史上曾有一个时期"明朝"遍及大部分汉语方言区，不管南北。这是很有见地的，因为虽然从现代方言看，"明朝"主要集中在苏南、皖南、江淮一带的吴语、徽语、江淮官话，但从历史文献看，上引各例作者多为北方人，《魏书》所记更为明确。岩田礼先生还认为现在长江流域以及江西、福建西部等地方言叫"今朝"，是由"明朝"类化所致。情况恐怕未必如此，上引南北朝"今朝"就地兼南北。

就历史文献看，这一系统在南北朝开始出现。鲁国尧先生（2002）认为，"到了南北朝后期，即梁与北齐、北周鼎峙时，中国已形成了两个通语，黄河流域以洛阳话为标准，而江淮地区则以金陵话为标准。"结合在现在方言的分布情况，我们认为这一系统源于南北朝时形成的南方通语。

从这一体系现在的分布情况看，与吴语、江淮官话有着不同寻常的密切关系。如前所述，"朝"类词语集中的区域基本相连，而这片区域或者是吴语区，或者是受吴语较深影响的徽语区、江淮官话区、赣语区（鹰弋片）。

游汝杰先生（2004：23）认为徽语的底子可能是古吴语，但受到邻接的赣语影响，也可能有古越族语言影响的遗存。

鲁国尧先生（2003：86）指出："我们认为吴方言在古代是北抵淮河的，江淮之间本为吴语的地盘，4世纪永嘉之乱，北方汉族人民的大批南迁，江淮之间以至江南的今南京、镇江甚至常州、常熟一带为北方话所占领。"刘丹青先生（1997）《南京话音档》："江淮方言是在这一带原先的南方方言（主要是吴语）和不断南下的历代北方人的方言长期融合之下逐渐形成的。"笔者家乡在江西彭泽，彭泽因邻接江淮官话，深受江淮官话影响。可见吴语与徽语、江淮官话乃至赣语（鹰弋片）都有着千丝万缕的联系。

这一系统后来显然受到"昨日、今日、明日"系统的侵蚀，以致今天的使用范围主要集中于苏浙皖赣闽一带，"昨朝"更是主要集中在徽语区及部分吴语区；这些地区的这一系统也不完整，例如采用"昨日、今朝、明朝"等混合形式。其原因，正如鲁国尧先生（2002）所言："隋唐自北统一中国，阻断了南语、北语分裂趋势，而且使北朝通语占了上风，在江淮流域的南朝通语其平分秋色的地位则逐渐被削弱，它的血缘后裔是今江淮方言或称下江官话。自古即存在的吴语，虽然在4世纪以后失去了北域江淮地区，但是仍然延续下去，直到今日，仍然是中国的一支很强势的方言。"

4)"昨+夜晚义成分、今+时间单位、明+早晨义成分"系统

从现代方言看，福建、广东中部沿海及东北部、江西东南部等地的闽语、粤语、客话区的时间表达系统有着非常独特的特点，如表示昨天的"昨晡、昨暝、昨晚、昨夜、昨昏、昨暮、昨暗"，表示明日的"明早、明旦、明晡"等，表示今天的"今早、今旦、今晡"等，这些词语的后一成分明显不同于其他地区，各方言间也各不相同：客话用"晡"，粤语用"晚"，闽语用"暝""暗""旦""早"，浙江南部吴语用"夜""暮""昏"等。

值得注意的是，以"明早"表示明天，出现在甘肃天水、山西大同、灵石、隰县、新绛、西宁~儿、福建漳平、福安、福鼎~起、广东海康、雷州~日、东莞清溪~日、深圳沙头角~日等地；"明旦"表示明天出现在山西襄汾、临汾、福州等地。这显示出"明早"一类的词历史上曾在中原地区存在，今天的中原官话与闽语乃至客话有着某种关联。客话与闽语，浙南吴语与粤语、闽语在<昨天>的表达上呈现出内在的一致性而与其他方言有较大的差异（例如浙江温州、平阳、江苏无锡等用"昨夜"表示昨天，浙江江山、广东斗门、江门、增城、中山、开平等地用"昨晚"表示昨天）。

从历史文献看，我们没能找到早期的"昨"加夜晚义词语表示昨天的用例，"昨晚""昨夜""昨暝"等似乎都只解释为"昨天晚上"。如：

(18) 昨暝春风起，今朝春气来。(《先秦汉魏晋南北朝诗》之北周·宗懔《早春诗》)

《史记》有"昨暮夜"表示昨夜的用例：

(19) 薄姬曰："昨暮夜妾梦苍龙据吾腹。"(《史记·外戚世家》)

然考《史记》其他三个"昨暮"用例都表示"昨晚"。
但是到宋金时代能见到"昨夜"表示日前的用例，如：

(20) 妾不敢望报。夫人与郑恒亲。虽然昨夜见许，未足取信。先生赴约，可以献物为定。(董解元《西厢记诸宫调》)

在唐代以后能看到一些"明早"表示明天的例子。如：

(21) 明早是朔日，或恐未得面陈，愚虑有疑，不敢宁寝，轻干听览，追深战栗。(魏征《谏魏王移居武德殿疏》，《全唐文》卷一百四十)

(22) 归来道："今日看见一地，可以瘗金，但未知是何人地，明早同往一看，与主家计议。"次日，森甫与杨堪舆同去。(明·陆人龙《型世言》第十九回)

但是"旦"早在先秦就可用作时间单位词。汉代及后代都有"今旦"表示今天的用例。如：

(23) 今旦代从外来，见木禺人与土禺人相与语。(《史记·孟尝君列传》)

(24) 风光今旦动，雪色故年残。(《先秦汉魏晋南北朝诗》之南朝陈·徐陵《春情》诗)

(25) 今旦胡为忽惆怅，万片飘泊随西东。(唐·韩愈《杏花》诗)

"明旦"的例子如：

(26) 明帝即案历，明旦日吉，遂率百官及故客上陵。（《后汉书·皇后纪上·光烈阴皇后》）

(27) 今日盈盈滇海花，明旦萧萧陆凉草。（明·杨慎《鹭郎行》）

我们认为"昨+夜晚义成分、今+时间单位、明+早晨义成分"系统是方言间融合的产物。

虽然没能找到"昨"加源于夜晚义的成分表示昨天的更多的历史文献证明，但如果考虑"昨夜"表日前用法的出现年代，结合历代浙南、福建、广东等地的移民史，这片地区在时间表达上的特殊性或许能得到说明。

据葛剑雄、吴松弟先生（1997：407）的研究，福建、岭南的移民主要是在侯景之乱后迁入的，并且基本上都是北方移民后裔的再迁移。吴松弟先生（1997a：269—304）指出福建是唐末移民的重要迁入区。唐末五代的北方移民主要分布在福州、泉州和建州。

吴松弟（1997b：180—356）指出南宋初建炎（1127—1130）和绍兴（1131—1162）初期，由于金军和北方流民武装集团在长江以南的平原地区作战，迫使已南下的部分北方移民以及南方籍人民向岭南和福建流动。南海、番禺、广州等地有些家族就来自霍山（今安徽）、姑苏（今苏州）、丹阳、浙江等地。他还指出宋代温州外来居民的大多数来自福建。福建对温州的移民至少在两宋间已经达到一定的规模。移民高潮发生在南宋孝宗乾道二年（1166）以后的数年间。移民史表明，广东人不少是福建移民及其后裔。早在宋代福建移民及其后裔已是潮州人的主体部分，闽语是潮州的主要语言。现代闽语区的雷州片的大部分地区宋代都已有相当数量的福建移民。至于客家话，吴先生指出客家人原居住在福建的汀州和江西的赣州一带，宋末元初开始向广东梅州一带迁移。今客家人的祖先主要是在宋元之际和元代这八九十年中迁入广东，正是这些氏族对广东客家的形成和发展产生重大作用。语言的特征也表明，客家先民主要是在南宋时期自北方迁入汀赣一带。

结合上述移民史及"昨夜"表日前见于宋金、"明早"表明天见于唐代的现象，我们认为"昨"加上源于夜晚义的成分表示昨天，"明"加上源于早晨义成分表示明天，这一表达系统是唐宋以来形成，后随移民扩散到今客话、闽语、粤语区，是"昨+DAY义成分-明+DAY义成分"系统与"夜晚义成分+日-早晨义+日"系统融合的结果。这证明闽语、粤语、客话乃至浙南吴语之间早期有着共同的移入方言（北方），但唐宋以来的迁移与再迁移使得彼此间有着复杂的交织关系。

3. 共时分布与历史来源的相关问题

上述古汉语的三个［昨天］［今天］［明天］的时间表达系统在现代汉语方言中以不同的形式保留。系统1）保留了完整的原形"昨-今-明+日/天"，并出现弱化形式"昨-明-今+词缀"等；系统2）"夜日"弱化形式为"夜儿"等，"旦日"仅残留语素"旦"，与其他语素一起构成时间词语；系统3）也保留了原形"昨-今-明+朝"，但"昨朝""明朝"分布范围并不一致；系统4）自唐宋形成以后与今部分东南部的江浙、福建、广东等地的方言融合后，以不同形式存在于今吴语、闽语、粤语、客话中。

岩田礼（2009：94）认为古代方言中并存着两种明天义的词形"明日"和"明朝"，与之配对的是"昨日"和"昨夜"。从现代方言［昨天］的词形看，我们不赞成这种观点。如前文所述，在现代方言中表示［昨天］除"昨夜"外还有"昨晚、昨暝、昨晡、昨暗、昨昏、昨暮"等形式，现在使用"昨夜"表示［昨天］的范围极小，"明朝"表示［明天］范围广大。而且，直到宋金才有"昨夜"等表示日前的用例，而"明朝"早在南北朝就有大量用例，"昨朝"唐代即见用例。很显然，"明朝"与"昨夜"过去与现在都不在一个系统。"昨夜"与"昨晚、昨暝、昨晡、昨暗、昨昏、昨暮"属于同一类型。

另外，岩田礼先生（2007）指出，"日、天、朝、旦、晡、暝"等原来各为不同的意义，后来大部分变成DAY这一抽象成分。对这些词语的考察表明，它们的发展情况并不相同。

a. 从古代文献及现代方言看，"日""天""朝""旦"都用作抽象时间单位词（DAY）。不过，汉语史及现代方言中只有"明旦""今旦"，没有"昨旦"［昨天］，可见"旦"和"日/天/朝"的性质并不完全相同。

b. "晡"本指下午三时至五时，后引申指傍晚（约为唐代）。文献未见"晡"用如DAY的用法，但是在现代客家方言中"晡"用作时间单位词，如"明晡、昨晡、今晡"。

c. 方言存在"昨夜"（温州、平阳等）和"今夜"（江西万载、宜丰、丰城等）分别表示昨天和今天的用法，但它们不在同一个方言区出现，文献也未见"夜"做时间单位词的记载，可见这些方言中"夜"跟时间单位词 DAY 还有很大的不同。

d. "暝""昏""晚""暮"等都可跟在"昨"的后面表示昨天，但不能同时跟在"明/今"的后面表明天或今天；"早"能跟在"明"的后面表示明天，但没有"昨早"表示昨天的用法，可见这些成分还没有真正发展成为抽象的类似于时间单位词 DAY 的用法。

从方言及汉语史看，"昨日-明日""昨朝-明朝"以及以夜晚义成分表［昨天］、早晨义成分表［明天］无疑是汉语中影响最广泛的表达形式。

从内在的理据看，汉语［明天］［昨天］表达常与早晨或夜晚有关。人们以［早晨］［晚上］转指［明天］［昨天］，这属于转喻现象。转喻是人们普遍的思维方式和行为方式。Lakoff（2006：63）指出，转喻主要是提示功能（referential function），转喻使得我们得以用一物指涉另一相关之物。William Croft（2012：320）认为"转喻的一个至关重要的方面是对概念的某一方面进行强调，而该概念所在的域是整个域阵或域结构的一部分"。伍铁平（1993）认为："因为白天说过去的事，一提'夜晚'，今晚还未来到，所以很自然指昨天。"这是非常有道理的，因为刚刚过去的"夜晚"（即昨天晚上）是人们所熟悉的，容易成为话题结构中的凸显部分，进而扩大到指昨天一整天，以部分转指全体。"明朝"也是同样道理。

二 汉语方言"今日"前后四日时间表达的词语类型及其来源①

本节要点：概括而言，汉语方言中"今日"前后四日的时间表达词形主要有"前-""后-""大-""外-""上-""先-""位移动词-"等类。汉语各方言［今日之前的第二天］与［今日之后的第二天］都属于

---

① 为避免混淆，本节以［］表示语义，""表示词形。"昨日""今日""明日"的表达前面已专文讨论，本节不涉及。

基本概念范畴。"前-""后-""大-""外-""上-"类词语是"前""后""大""外""上"由空间域向时间域隐喻映射的结果;"位移动词-"类体现了"时间静止,观察者穿越该时间参照点"的时间认知。

时间是人们社会生活中必不可少的要素,对时间的指称在一个方面体现了人们对世界的认知。

《汉语方言大词典》《现代汉语方言大词典》《汉语方言解释地图》《汉语方言地图集》《普通话基础方言基本词汇集》《河北方言词汇编》等方言词典收词广泛,他们能在很大的程度上反映汉语方言的基本面貌。① 本节考察汉语方言对"今日"前后四日的时间表达形式,并就相关问题展开讨论。

1. 汉语方言"今日"前后四日时间表达的类型及区域分布

汉语方言"今日"前后四日时间表达的类型及区域分布见表 2-4:

表 2-4

		今日之前的四天	今日之后的四天
官话区	北京官话	[今天之前的第二天] 前儿个②、前天	[今天以后的第二天] 后儿个③、后天
		[今天之前的第三天] 大前天、大前个、大前儿个	[今天以后的第三天] 大后儿、大后个、大后儿个、大后天
		[今天之前的第四天]	[今天以后的第四天]
	东北官话	[今天之前的第二天] 前天、前儿个、前日	[今天以后的第二天] 后天、后天儿、后儿个、后个儿、后儿天
		[今天之前的第三天] 大前天、大前儿、大前个、大前天儿、大前儿个	[今天以后的第三天] 大后天、大后儿、大后儿个、大后儿天、大后个儿、外后个、外后天
		[今天之前的第四天]	[今天以后的第四天]
	胶辽官话	[今天之前的第二天] 前天、前日、前儿个	[今天以后的第二天] 后天、后日、后儿
		[今天之前的第三天] 大前天、大前儿、大前儿个	[今天以后的第三天] 大后儿、大后天、大后儿个、晚后日、外后日
		[今天之前的第四天]	[今天以后的第四天] 万后日

---

① 例如 1999 年出版的《汉语方言大词典》收录词语 20 万条,引用了 1200 多部(篇)涉及汉语方言词汇研究的专著、辞书和论文;2002 年出版的《现代汉语方言大词典》全书收词总数约 32 万条。

② 按,由于资料来源不一,本节"儿"不管是自成音节还是儿化,本节不予区别,"儿"统一不作下标。

③ "个"有的记作"格/咯",本节统一为"个"。

续表

		今日之前的四天	今日之后的四天
官话区	冀鲁官话	[今天之前的第二天] 前天、前儿个、前上个儿、列儿个、前日	[今天以后的第二天] 后天、后儿个、后儿、后日、后个、后儿啊、赶后、过明、过了明、过明儿个
		[今天之前的第三天] 大前日、大前天、大前儿、大前个、间前日个儿、前前日	[今天以后的第三天] 大后儿、大后天、大后个儿、外后天、外后儿、外后儿啊、外后日
		[今天之前的第四天] 大前前日	[今天以后的第四天]
	中原官话	[今天之前的第二天] 前儿、前日、前儿个、前天、前夜儿、前一天、前日儿、前儿个儿、前儿日儿/前儿个、前儿们儿、前个、前儿个、欠每、前门、大昨天	[今天以后的第二天] 后、后天、后日、后儿、后个、后儿个、后儿天、后早、后日儿、后日个、后影儿、后儿个子、后日儿、过明儿、过娄明、过明儿里
		[今天之前的第三天] 大前天、大前、大前儿、大前个、大前儿个、大前个儿、大欠每、大前儿里、大前儿们儿、上前个儿、上前儿儿、响前日、上前儿、先前个/先前日个、先前、先前日、现前儿个	[今天以后的第三天] 大后日儿、大后儿、大后天、大后个、大后儿个、大后儿里、大后日个、大过明儿、老未后儿、外日儿、外日、外后儿、外后天、外后日、外后儿个
		[今天之前的第四天]	[今天以后的第四天] 大外后、再个外后儿
	兰银官话	[今天之前的第二天] 前①、前天、前个、前儿个	[今天以后的第二天] 后天、后早、后、后儿个
		[今天之前的第三天] 大前天、大前、先前个	[今天以后的第三天] 大后天、外后天
		[今天之前的第四天]	[今天以后的第四天]
	西南官话	[今天之前的第二天] 前天、前天儿、前日、那前儿、前里、前儿天、先日	[今天以后的第二天] 后天子、后天、天儿、后日、后个、后儿、后儿天、过明天
		[今天之前的第三天] 大前日、大前天、大前里、大前儿天、向切日、向恰日、上前儿、上前天、先前天、上前日、向前天、向前日、向前	[今天以后的第三天] 大后日、大后天、大后儿、大后儿天、外②后儿、外后天、外后日、外天、万天、万天儿、向后日、万后儿、万后日、万后儿、过后儿天、当后天、望后天、大万天
		[今天之前的第四天]	[今天以后的第四天] 大外天、大外后日、望望天
	江淮官话	[今天之前的第二天] 前天、前个③、前个子、前儿子、前儿个、前子、前朝子、前朝	[今天以后的第二天] 后天、后个、后儿个、后儿子、后个天、后呃子、后个子、后朝④、后朝子
		[今天之前的第三天] 大前个、大前子、大前朝、大前天、大前儿个、上前个、先向前个、向前朝、向前个（子）、晏前个、赛前儿个、现前天、向前天、向前日、现前儿个、赛前朝	[今天以后的第三天] 大后天、大后儿、大后个、大后朝、大后儿个、外后儿、外后个、外后呃子、外后个子、外后朝子、外后朝、弯后朝子、晚后个
		[今天之前的第四天]	[今天以后的第四天]

---

① 在时间词中变读为 tɕhie，其他读 tɕhian。
② "外"或写作"艾"，本节统一记作"外"。
③ "前"或记作"齐""樵"，本节统一记作"前"。
④ "朝"或记作"到""倒""道""刀""交""闹"，本节统一为"朝"。

续表

	今日之前的四天	今日之后的四天
晋语	[今天之前的第二天] 前天、前儿、前儿个、前日个、前已、前个、前嘞、前住个儿、前儿一个	[今天以后的第二天] 后、后儿、后天、后日、后儿个、后日个、后儿天、后一天河、后嘞、后一个、后儿佬
	[今天之前的第三天] 大前日、大前天、大前、大前日儿、大前个、大前个儿、大才一个儿、大前儿一个、大前任个儿、先前儿、先前、先前天、先前日、向前日、向前儿、间前日、现前、现前日、现前个、现前儿	[今天以后的第三天] 大后日、大后天、大后儿、大后佬、大后一个、大后一天、外后日、外后勒、外后儿、外后天、老后日、老外后儿、兀后、末后儿
	[今天之前的第四天] 先先前、向向前日、先先前儿、现现前儿	[今天以后的第四天] 紧外后、外外后儿、老兀后
吴语	[今天之前的第二天] 前日①、前天子、前日儿、前日子、前夜子、前阿子、前个日子、前朝、上两夜、过日子、先天、先日则、先日、先夜子、隔日子	[今天以后的第二天] 后日、后日子、后天子、后朝、后阿子、后日天、后日底
	[今天之前的第三天] 大前日、大前日儿、大前日子、大前朝、大沿日、先先日子、向前日子、着前朝、着前日、着前夜、着个日子、着先日则、着间昨日、着贯日子、着隔日子、赛前日、间昨日、预前朝、外前日	[今天以后的第三天] 大后日、大后朝、大后阿子、外后朝、地后日、直后朝、度后日、着后日、着着后日、赛后朝
	[今天之前的第四天] 大大前日、着日子、着着革日子、再大前日	[今天以后的第四天] 大大后日、再大后日
赣语	[今天之前的第二天] 前日、前夜、前暝、前卯里	[今天以后的第二天] 后日、后朝、日朝、后卯里
	[今天之前的第三天] 贤前日、很前日、晏前、晏前日、大前日、上前日、先前日、向前日、大前夜、前前日	[今天以后的第三天] 晏后天、晏后朝、万后日、外后日、外后朝、老后日
	[今天之前的第四天]	[今天以后的第四天]
徽语	[今天之前的第二天] 前朝、前日	[今天以后的第二天] 后朝
	[今天之前的第三天] 大前朝、再前朝、外前日	[今天以后的第三天] 外后天、外后朝
	[今天之前的第四天] 一直大前朝、大大前日	[今天以后的第四天] 外外后朝
客话	[今天之前的第二天] 晡日、前日晡、前头日、前冥、前日、前晡日	[今天以后的第二天] 后晡、奋朝、后日晡
	[今天之前的第三天] 大前日、大前晡日、大晡日、大前头日	[今天以后的第三天] 大后晡、再后日、后奋朝、大后日
	[今天之前的第四天] 大大前头日、大大前日	[今天以后的第四天] 大大后日
湘语	[今天之前的第二天] 前去日、前咯日、前家日	[今天以后的第二天] 后日、后儿天、后日子
	[今天之前的第三天] 大前儿、大前日、上前日、上前天、先前天、先前日、向前日	[今天以后的第三天] 大外后日、老后天、暗后日、大后天、外后日、老后日
	[今天之前的第四天] 先前咯日	[今天以后的第四天] 外后日

---

① "日"或写作"尼""呃""二""宁""阿"等字，本节统一为"日"。

	今日之前的四天	今日之后的四天
粤语	[今天之前的第二天] 上个日、前日、前今日	[今天以后的第二天] 后日
	[今天之前的第三天] 大前日、大前今日	[今天以后的第三天] 大后日
	[今天之前的第四天]	[今天以后的第四天]
闽语	[今天之前的第二天] 前日、前暝工、前工、前暝/前冥、昨日①、槽日、上日、夙昔、顶日	[今天以后的第二天] 后日、后朝、后日朝、后昔、后夕、还朝
	[今天之前的第三天] 大昨日、大夙、大夙昔、前前日、老昨日、大前暝、大过前暝、大前日冥、昨冥、逊昨日/落昨日、落槽前日、算前冥、算前日暝、大前日、大傻日、落昨日、落槽日、大过前暝	[今天以后的第三天] 大后昔、大后朝、大后日、大过后朝、后日日、后日朝再添个工、万万逐朝、闰后日、弄后日、老后日、过后日┌、落后日②、落后夕
	[今天之前的第四天]	[今天以后的第四天]
平话	[今天之前的第二天] 前日	[今天以后的第二天] 后日
	[今天之前的第三天] 大前日	[今天以后的第三天] 大后日
	[今天之前的第四天]	[今天以后的第四天]

从上表可以看出汉语方言"今日"前后四日的时间表达词形有以下特点。

(1) [今天以后的第二天] // [今天之前的第二天]

岩田礼（2009：97—98）指出"后天"的词形可分为"后-"系和非"后-"系，所言甚是。各地方言中 [今天以后的第二天] 的表达形式高度一致，绝大多数方言都采用"后X"的形式，区别仅在于X是不同的时间单位词 [或该时间单位词的音变（或弱化）形式]。只有冀鲁官话、中原官话、西南官话的部分地区有"位移动词+明天义成分"的词形（如"过明、过了明、过明儿个、过明儿、过明儿里、过明天"等）。

岩田礼（2009：103—104）概括"前天"的词形有"前-"系和非"前"系。他指出"前天"的分布格局总体与后天义词形平行，是。各地方言中 [今天之前的第二天] 的表达形式也有高度的一致性，绝大部分方言都采用"前X"的形式，区别仅在于X是不同的时间单位词或该单位词的音变（或弱化）形式。只有吴语、粤语、闽语的部分地区有"上+

---

① 厦门 [tsoʔ阳入 litʰ轻声]，福州 [sɔʔniʔ]。
② "落"与"昨日""后日""后年"等表示时间的词连用，相当于普通话"大……"。厦门 [loʔ⁴]。

(数)+时间单位词"词形(如"上两日、上日、上个日");吴语区不少地区有"先+时间单位词"词形(如"先天、先日则、先日、先夜子");吴语区不少地区还有"位移动词+日子"的词形(如"过日子、隔日子");闽语区有一些较为特殊的词形,如"昨日""顶日";中原官话的少数地区(济宁)有"大昨天"。

(2)[今天以后的第三天]//[今天之前的第三天]

从上表可以看出,[今天以后的第三天]("大后天")的词形,主要有以下几类。

第一类:"大+后天义成分",广泛分布在官话区、晋语、吴语、客话、湘语、粤语、平话区。

第二类:"外+后天义成分",主要分布在东北官话、胶辽官话、冀鲁官话、中原官话、兰银官话、西南官话、江淮官话、晋语、赣语、徽语、湘语。

"万+后天义成分"主要分布在西南官话、赣语;江淮官话有"晚后个"(盐城)、"晚后朝子"(泰州);胶辽官话有"晚后日"(山东平度)。

鉴于"外""万""晚"语音的相近,且这类时间词分布地区或相同或相近,我们认为它们是同一类。

第三类:"望+后日义成分",主要分布在西南官话。"向+后日义成分"主要分布在西南官话。

第四类:"老+后日义成分",主要分布在晋语、赣语、湘语、闽语的部分地区。

第五类:"位移动词+后日义成分",主要分布在西南官话、闽语的部分地区。

第六类:"后+后日义成分",主要分布在闽语区的部分地点。"落+后日义成分"主要分布在闽语的部分地区。

岩田礼(2009:99—100)概括"大后天"的词形为"大-"系、"外-"系、"老-、落-"系、其他系四类。他指出"大-"系既在南方拥有广大的分布领域也在北方的东部集中分布;"外-"系分布点相对较少,但分布领域很广大,甚确。

[今天以前的第三天]("大前天")的词形主要有以下几类。

第一类:"大+前天义成分",广泛分布在八大官话区、吴语、徽语、客话、粤语、平话,闽语也有部分地区分布。

第二类："先/现+前天义成分"，主要分布在中原官话、兰银官话、西南官话、江淮官话、晋语、赣语、湘语，吴语也有少数地点有分布。

第三类："向+前天义成分"，主要分布在西南官话、江淮官话、晋语。鉴于"先""现""向"语音的相近，这类时间词分布地区或相同或相近，我们认为它们是同一类。

第四类："上+前天义成分"，主要分布在中原官话、西南官话，在江淮官话有个别地点有分布。

第五类："前+前天义成分"，分布在冀鲁官话、赣语的部分地区。

第六类："老/落+前天义成分"，分布在闽语区。

岩田礼（2009：105—106）把"先-、现-、向-、上-"归为一类，概括前天的前一天词形主要有"大-"系、"先-、现-、向-、上-"系、"老-、落-"系、其他系四类。他指出"大-"类在南方拥有广大的分布领域也在北方的东部集中分布，"先-、现-、向-、上-"的分布点相对来说较少，但分布领域很广大，是。

（3）［今天以后的第四天］//［今天以前的第四天］

相比之下，表示今天以后的第四天、今天以前的第四天的专用词语很少，同时兼有今天以后的第四天、今天以前的第四天专用词语的，只有晋语、吴语、徽语、客话、湘语；胶辽官话、中原官话、西南官话的一些地区有表示今天以后的第四天的词语而没有今天以前的第四天的专用词语。

［今天以后的第四天］的词形主要有三类。

一是"大+大后日义成分"，主要在中原官话、西南官话、吴语、客话的部分地区；二是"外+大后日义成分"，主要在晋语、徽语、湘语的部分地区；三是"再+大后日义成分"，主要在中原官话、吴语的部分地区。

［今天以前的第四天］的词形主要也有三类。

一是"大+大前天义成分"，主要在冀鲁官话、吴语、徽语、客话的部分地区；二是"先+大前天义成分"，主要在晋语、湘语；三是"再+大前天义成分"，主要在吴语地区。

综上所述，概括而言，根据第一个音节的异同，"今日"前后四日的时间表达词形主要有"前-""后-""大-""外-""上-""先-""位移动词-"类等。

2. 主要词形的来源

下面我们讨论上文所归纳的主要词形的来源。

1)"前-""后-"类

我们认为"前+时间单位成分""后+时间单位成分"表示"前天""后天",是方位成分"前""后"从空间隐喻到时间的结果。

游顺钊(1994)、张健理(2003)、史佩信(2004)、徐丹(2008)、蔡淑美(2010)、何亮(2018)都曾讨论过汉语中"前""后"的时间认知及时间指向问题。何亮(2019:25—32)曾对方位词"前""后"由空间域进入时间域做过详细的历时考察,指出"前""后"由空间域映射到时间域,其空间域的结构特性也保留下来。空间域中参考点面对的方向(或头对着的方向)为前。由空间到时间,参照时间(或观察者)的面对的方向与潜在的时间也有同样的面向,参照时间与被观察之时间之间也呈相对静止状态。如果参照时间(或观察者)位于现在,则过去为前,将来为后。"前天""后天"分别是今天为隐含原点,以昨天和明天为参照,即昨天之前(前天),明天之后(后天)。

刘百顺(2004)指出"前日"在先秦一般指往日,仅有一例相当现代的前天,但佛经和唐诗有不少相当于现代"前日"的用法。如:

(1)师到三日后,来云:"前日著贼。"(《祖堂集》卷二十"米和尚")

刘百顺指出先秦已有"后日",指往后的日子,到唐代"后日"就和现代相同。如:

(2)日暮,谓含光曰:"地府严切,君宜且还,后日可领儿子等来,欲有所嘱。明日不烦来也。"及翌日,含光又往。陆氏见之,惊愕曰:"戒卿勿来,何得复至?"(唐·戴孚《广异记·钳耳含光》)

2)"外-"类、"大-"类

岩田礼(2009:100)指出,假如说古代汉语不存在表大后天义的专名,"大-""外-""老-"都是后起的,其中先产生的必定是"外-",先有"后日",后来才产生"外后日"。

岩田礼先生认为先有"后日",后来才产生"外后日"无疑是对的。实际上古汉语有表示大后天的专名,唐代有"外后日"。如:

(3)裴老请去。王君恳邀从容。久方许诺。曰:"明日来得否?"

日：“不得，外后日来。”（宋·李昉《太平广记》卷四十二引唐·卢肇《唐逸史》）

(4) 今人谓后三日为"外后日"，意其俗语耳。偶读《唐逸史·裴老传》，乃有此语。裴，大历中人也，则此语亦久矣。（宋·陆游《老学庵笔记》）

他认为"大-""外-""老-"都是后起的，其中先产生的必定是"外-"，这个观察与我们对汉语史的考察相吻合。

如前所述，唐代已有"外后日"，而"大后日"直到元明才见用例。如：

(5) 当日禀道："明日是个国家忌日，后日又是七月十五日中元之节，皆不可行刑。大后日亦是国家景命。直待五日后，方可施行。"（明·施耐庵《水浒传》第三十八回）

(6) 今日是黄衙内约下游湖，明日是张山人一班请客邀他做诗社，后日是韩尚书的公子，数日前送下东道在这里。你且到大后日来看。（明·抱瓮老人《今古奇观》）

为什么用"外""大"之类表示时间？岩田礼（2009：100）认为这种"外"的原义不详，但"令人联想到'外公''外甥''外孙'等表外亲的词形，'外后日'原先只分布于某一地区，后来遍及全国，而其在传播的过程中，也由其他亲属称谓的限定成分代替"。他认为"老-"类多数出现于与"外-"系邻近的地点，是"外-"的代替形式，"老-"是"老爷""老娘"的"老"；"大-"就是"大爷""大娘"等的"大"，"外-"变成"老-"或"大-"是出于类推性的联想。

我们认为汉语方言"外-""大-"类时间词来源于"外""大"由空间到时间的隐喻。何亮（2019：60-62）讨论过"外"由空间到时间的隐喻发展过程。主要观点如下。

《说文》："外，远也。"后引申指事物的界限乃至抽象事物的范围之外。从空间隐喻到时间，"外"指一定时段界限之外。"外"还可以跟时点词语组合，表示时点意义。"外"的外层、一定范围的外边的定向方位义投射到时间域，"外"指某时间之外的另一时点。"外"可与相对时点词组合指过去或将来某时之外的时间。将来时间"外后日"至迟在唐代已有用例。

这类用法在今方言中广泛使用。如上表所列"外后、外日个、外后儿、外后个、外后天、外后日、外后朝"等，表示今天以后的第四天的"外外后儿、外外后朝"，表示大后年的"外后年"。"外"表示过去某时之外的时间。如：外前日_{大前天}、外前年_{大前年}。

这些时间词中的"外"其实还是表示在某范围之外，只是一个是过去某时之外更前的过去时间，一个是将来某时之外的更远的将来时间，只是在不同的语境中参考点不同，如"外后日"的参照是"后日"，"外后日"时间指向"后日"之外的将来时间——大后天。

"大后天"的"大"也来自空间概念。《说文》"大，天大、地大、人亦大，故大象人形。"《汉语大字典》（第二版，第 563 页）引王筠《说文释例》："此谓天地之大，无由象之以作字，故象人之形以作大字，非谓大字即是人也。"如此，则"大"本为空间概念，与体积、面积、范围有关。忻州"大"用在方位词"东南西北"前，强调距离远，如"大北口（mi）"（较远的背面）"大西头"（较远的西面）。"大前天""大后天""大大前天""大大后天"之类的"大"表示在某范围之外，相距较远的时间，显然是从表示占空间多、数量长引申而来。

"大"从表示占空间多、数量长，意义进一步虚化，表示一种强调。例如"大白日""大热天""大暑热天"虽然并不是表示相对时间，但也都跟时间词有关，表示一种强调。如：

（7）你和奴才淫妇，大白日里在这里端的干这勾当儿！刚才我打与淫妇两个耳刮子才好，不想他往外走了。（明·兰陵笑笑生《金瓶梅》第二十二回）

（8）贱没廉耻的货，你想有个廉耻，大白日和那奴才平白关着门做什么来？（明·兰陵笑笑生《金瓶梅》第三十五回）

（9）因见衙内打盹，在眼前只顾叫不应，说道："老花子，你黑夜做夜作使乏了也怎的？大白日打盹磕睡，起来吃茶！"（明·兰陵笑笑生《金瓶梅》第九十一回）

（10）七老八十，大热天也没这气力为你府县前走。（明·陆人龙《型世言》第二回）

(11)贾政上前躬身陪笑道："大暑热天，母亲有何生气亲自走来？有话只该叫儿子进去吩咐。"(清·曹雪芹《红楼梦》第三十三回)

据《汉语大词典》(第八卷，600页)"老"有大的用法。如清·和邦额《夜谭随录·回煞五》："秦人谓大为老。有张老嘴者，又号老胆。以口大胆大而得名也。"邹韬奋《萍踪忆语》二五："我已成竹在胸，当然不致上他们的老当。"因此我们认为"老-"类时间词是由"大-"类时间词类推而来，在汉语史上我们没有找到表大前天或大后天的"老-"类时间词，可能是这类时间词出现较晚。

3)"上-"类

不少学者讨论过汉语的时间认知方式。余维（1997）认为上下关系垂直型指示语是汉语特有的表现形式，其他语种均不存在这种垂直型时间指示语；张燕（2010）则认为用"上-下"空间—时间隐喻表达过去和将来时间不只是汉语的专利，在其他语言中也存在；徐丹（2016）指出汉语有横向（水平）的时间表达（如前后），也有纵向（垂直）的时间表达（如上下）。据笔者考察，有些纵向时间表达在现代汉语里被抛弃了，但不少方言里保留着两套（横向和纵向）时间表达方式。

笔者（2019：40—49）详细考察过"上"由空间域进入时间域的历程，认为在"上""下"所处的概念框架中，随着图形和背景的不同，"上""下"在空间域形成位置和部位两个基本意义。从空间域直接投射到时间域，"上""下"同样形成两个基本义：当人们注意的焦点是时间序列本身时，"上""下"作为图形突出的是绝对时间本身，"上"指序列中顺序在前的，"下"指序列在后的，语言形式表现为"上 X/下 X"。如上午-下午、上昼-下昼。当人们注意的焦点是与参照点相对而言的关系时，"上""下"作为图形突出的是时间的相对位置，"上"指过去（或相对前时），"下"指将来（或相对后时）。如：上个月日-下个月日、上年-下年等。

"上前儿、上前天、上前日"中"前儿、前天、前日"属于相对时间，"上+前儿/前天/前日"指相对于前天之前的那天，"上前儿、上前天、上前日"体现的是汉语纵向时间表达。

4)"位移动词+明天义成分"类

岩田礼（2009：98）他指出"过明"和"过了明"的"明"就指明天，这种词形可以叫作"描写性词形"，其产生可能出于词义明确化的要求，也就表现出后天这一外缘范畴的特点。

何以采用位移动词形式的描写性词形？岩田礼先生没有解释。何亮（2019：192—194）考察过汉语空间位移类空—时隐喻表达的发展，认为"经由"类位移动词在空—时隐喻中采用"时间静止，观察者穿越该时间参照点"这种方式表达时间概念。"过"的空间义为经过一个空间处所，相对来说该空间处所是不动的。如：

（12）子击磬于卫，有荷蒉而过孔氏门者。（《论语·宪问》）

经过一个空间处所，相对来说该空间处所是不动的。如果想象从静止的时间参照点经过，则"过"指越过该时间进入下一个时间。如：

（13）三伏适已过，骄阳化为霖。（唐·杜甫《阻雨不得归瀼西甘林》）

类似的如：过后（以后，后来）、过午（中午以后）、过冬（度过冬季）、过年（过了新年）、过晌（过午）、夜过中。

（14）若费财、烦人、危官，苟效一时功利，规赏于主，不顾过后贻灾于国。（《亢仓子·臣道》）
（15）昼睡忽过午，好风吹竹床。（宋·文同《闲乐》）
（16）他年芋火谈空夜，雪屋松窗约过冬。（宋·张元幹《留寄黄檗山妙湛禅师》）
（17）直看过年开未了，醉吟且放老夫狂。（宋·戴复古《灵州梅花》。过年：过了新年）
（18）成帝永始二年二月癸未，夜过中，星陨如雨，长一二丈，绎绎未至地灭，至鸡鸣止。（《汉书·五行志》卷二十七下之下）

王凤阳（2011：743）指出，"过"重在对参照物的逾越，泛指超出时间的参照点，甚是。如果想象从静止的时间参照点经过，则"过"指越过该时间进入下一个时间。如"过明、过了明、过明儿、过明儿里、过明天"等指越过明天，即后天。（以上参何亮2019：192—194）

5)"先-"类

岩田礼（2009：105—106）认为前天的前一天属于"外缘范畴"，他认为"先-、现-、向-、上-"等语音形式相似，很可能出于同一个词源。他根据分布特征推测最古老的应为"先-"，然后变为"向-"；"现-""间-"等分布都与"先-"邻近，很可能是"先-"的语音变异。

我们同意岩田礼先生前天的前一天属于"外缘范畴"的观点，重要表现就是多数方言并没有这一时间的特定词语。但我们认为"上-"与"先-、现-、向"并不同类。

"先-"类时间词来源于先秦就有的一种时间表达式，这种表达式中古汉语常见，用"先X"的形式进行时间定位，表示早于某时间或某事件。何亮（2007：229—230）对此作过梳理，简述如下。

这种"先"《古代汉语虚词词典》看作介词，义为"在……之前"。先秦已有用例：

（19）是以古者，妇人先嫁三月，祖庙未毁，教于公宫。（《礼记·昏义》）

"先X"指在某时或某事件之前，表示时间顺序在前的，相当于"在X之前"。X可以是时间词、时间性名词或动词性成分，X本身就是"先X"的时间参照点。如：

（20）先是时，颍川戏志才，筹划士也，太祖甚器之。（《三国志·魏书·郭嘉传》）
（21）刘休范父子先昨皆已即戮，尸在南冈下。（《南齐书·高帝上》）
（22）洪于大义，不得不死，今诸君无事空与此祸！可先城未败，将妻子出。（《三国志·魏志·臧洪传》）

宋代仍有此用法。如：

（23）先是，秦相与吕相同在政府。（《朱子语类》卷一百三十一）
（24）如云，先一日，太宗密以其事奏高祖，高祖省表愕然，报

曰：……（《朱子语类》卷一百三十七）

现代汉语口语已经基本不用这种形式了，但一些方言中仍有这种用法的遗留，如"先时"表示以前（广西柳州、广东广州），"先天""先日"表示前天（江苏丹阳、湖北随州、浙江金华等地），"先前年"表示大前年（如陕西西安、绥德、山西运城、万荣、太原、忻州、离石、阳曲、襄垣、内蒙古临河、集宁、湖南长沙、江西南昌等地）。

3. 结语

从以上的考察及分析，可知汉语各方言［今日之前的第二天］与［今日之后的第二天］都属于基本概念范畴，它们是构成［今日之前的第三/第四天］与［今日之后的第三/第四天］的基础，它们都分别以今天的前一天与今天的后一天为参照。各方言表示［今日之前的第二天］与［今日之后的第二天］的词形的构词方式、构词理据高度一致，是"前""后"由空间隐喻到时间概念的体现。

用以表达［今日之前/之后的第三/第四天］的"上""大""外""过"等成分，均体现了从空间概念延伸到时间概念的特点。

一些方言虽然采用与官话不同的限定成分（如"老后日"之类），但从本质上说，所有方言对"今日"前后四日时间的认知方式具有高度的一致性。

三　汉语方言日内时间的表达格局及其形成[①]

本节要点：现代汉语方言中一日之内的时间（早晨、上午、中午、下午、白天、夜晚）的表达形式或显或隐地体现出南北对立的趋势。南方主要继承了上古时位语素，而北方则多采用中古乃至近代汉语才出现的时位语素。这种南北对立在唐代已经明显。唐代北方口语中就开始了"晌"对"昼"、"黑"对"夜"的替换。南方各方言的日内时间表达系统至迟在宋代已经基本定型。就时间词语看，吴语在南方各方言中地位特殊。

时间是物质存在的基本形式，人们总是生活在一定的时空之中。在社

---

① 本节原文发表在《汉语史学报》2017 年第十七辑，第 69—84 页。人大复印报刊资料《语言文字学》2018 年第 6 期全文转载。这里重新编排了体例，并将繁体字转写为了简体字。

会实践中，人们有了各种时间观念。人们每天在不同的时间从事各种各样的活动，因而对一日之内的时间进行划分和指称是人类所共有的行为。对汉语方言的考察表明，各地对一日之内的时间的划分有较大的差异，各时间段所指跨度也不一致，但是各方言基本都有早晨、上午、中午、下午、晚上、白天的时间观念。本节以《现代汉语方言大词典》《汉语方言大词典》为中心①，同时参考岩田礼（2009）主编的《汉语方言解释地图》②，对汉语方言中这几个时间观念的表达形式进行考察分析（不涉及这几个时间观念的内部划分），梳理汉语方言日内时间的表达系统。与方言地理学摒弃古代文献不同，本节从现代方言日内时间的表达现状入手，结合历史文献，讨论这些表达体系的发展演变。

1. 现代汉语方言日内时间的表达概况

【1】早晨

汉语方言表示早晨的主要时间词语主要见表 2-5：

表 2-5

官话	北京	早清/早曦/早新/早起
	东北	清早/早起
	胶辽	早起/朝里儿/晨早/天亮
	冀鲁	早晨（起来）/早些/侵起来/早下/早起/天光/天亮
	兰银	早起/早上/赶早
	中原	清早/早起/清起/早起里/早清子/清起来/清倒起/清晨起/清倒/清清/晨起/清子/赶早/天光/天亮
	西南	清晨/早晨（家/头）/早些/晨早/天光/天亮
	江淮	早上/早上头/早起
晋语		早升/早起/早清/清早/清早期
湘语		清早/早晨/早里间/早起/晨早/天光
赣语		早上/早晨/赶清早/早间/朝早/天光
客话		朝晨/晨朝/清早/天光
吴语		天光/天光早/朝晨/朝头/早起/早上头/早浪/早晨头/天亮/天酿/天酿头/早天酿/早间头/早杭头/五更儿/清早晨
徽语		早起/早上头/晨早
闽语		早起/早起头/早头/白头/顶昼/顶晡/起早/起早头/起早时/起五更早/眠起/眠起早/眠起早头/早当/白/天光
粤语		早上/天光早/朝/朝头/晨早/朝早/天光
平话		朝早

---

① 北京官话另据董树人《新编北京方言词典》补充，商务印书馆2010年版。

② 《汉语方言解释地图》收录了早上、晚上和夜里义的方言词语。

以上词语表明，汉语方言中用于表达早晨的表时语素主要有"早、晨、朝"以及这些语素的组合形式"早晨、朝早、朝晨"等。

a. "早"使用最广泛，涵盖了所有方言区。

b. "朝"为核心语素的时间词北方少用（胶辽官话也有），主要集中在粤语、客话。另，"朝早""朝晨""晨朝"均见于南方诸方言而少见于官话。

c. 除中原官话外，"晨"一般不单独作为主要成分构成时间词语，而多出现在"早晨""晨早""朝晨"等形式中。其中"早晨""晨早"出现在冀鲁、胶辽、西南官话、湘语、赣语、徽语、吴语、粤语；"朝晨""晨朝"出现在客话、吴语。

"天光""天亮"等是以事件转指时间。"天亮"主要在胶辽、冀鲁、中原、西南官话、吴语分布；"天光"在冀鲁、中原、西南官话、湘、赣、客、吴、闽、粤语都有分布。

【2】上午、中午、下午

汉语方言表示上午、中午、下午的主要时间词语见表2-6：

表 2-6

		上午	中午	下午
官话	北京	前半晌/前晌和/头晌午	晌/晌和	后半晌/晌午趆/晚半晌儿
	东北	头午/头晌儿/前半晌/上半晌/午前	晌午头子/晌午/晌午火/晌午头/中午	下午/后半晌儿/下晌儿/下半晌儿/晌午错/后晌/午后
	胶辽	头半晌儿/前半晌儿/头午	正晌午时/晌弯/晌午儿/晌儿午/晌午头/晌午漏儿/晌午头儿里/午时	下半晌儿
	冀鲁	头午/上午/头晌火	晌午/晌火/晌弯/晌午头/晌户头儿/中午	下午/过午/晌午转/晌火歪/晌午趆/后晌/后半晌/过晌午/晚半天
	兰银	上午/上半天/前半天	晌午/中午	下午/下半天/后半天/后晌会/晚半天
	中原	前半晌儿/前晌儿/上半儿/晌午前/上半天/前半天/前晌午/前半儿/头午/头晌午	晌午端/端晌午/连天晌午/晌午/晌午头/晌午顶儿/晌户头儿/晌午头儿里/中午	后半晌儿/后晌儿/晌半儿/下半天/晚半天/后晌/后晌里/后半晌/晚晌/晌午错
	西南	早晨家/上午（些）/上半天	正（晌）午/晌午/晌午阵儿/晏昼/中午（些）	下午（些）/下半天/少午
	江淮	上午/早半天/上朝/午前/饭前	晌心/中半天/中上/中午些/中时/晌午头	下午/午后/晚半天
晋语		前晌	热红晌午儿/晌午/晌和/晌午家/晌午头	后晌/后半晌

续表

	上午	中午	下午
湘语	上界唥/上昼	中饭时际/中间子/饭时际/中午	下界唥/下昼
赣语	上昼/上界/昼前	当昼/中时/日中/昼让边/昼时/昼间/中午	下昼/下界/昼了
客话	上昼/晏昼/晏昼辰/上半工/前半工/昼前	日头顶/当昼（头）/昼心边子/昼边/昼边早/昼边晨/昼里/晏昼/午时	下昼/下晡/下半工/后半工/半下晡子/昼晨头/昼了
吴语	上半日/上昼（头）/上半天/午前/昼前/饭前	当昼过/当昼过头/昼门午时/日正午时/下昼/日昼/日昼阵/日昼头/中昼心里/中浪向/中浪/日中心/中饭头/当午/旰昼/昼上/昼过/昼里/昼心头/昼过头/昼间头/昼根头哩/昼日心里/晏子头/晏昼头/晏昼/午时	后半日/下半日/下昼/晏昼头/午罢/下半天/下晚昼/晏间/晏界/晏毕日/晚界/暗界/午后
徽语	前半日/上半日/上昼	当昼/昼饭午时/正当昼	后半日/下半日/下昼
闽语	上昼/上旰/晏当/晏头/昼前/早旰/日昼前/昼前头/徒前/顶半日/顶半晡	日顶昼/当昼/下日/日昼/中昼/正当昼/徒昼头/昼番/透昼/中午/午时	下昼/下旰/昼了/日昼后/晏旰/下晡/下晡时/昼落/昼了头/晏灌/晏埔
粤语	上昼	晏昼心/当晏/晚昼/晏昼	下昼/下晏/到晏/晏昼
平话	上午	晏中/午时	下午

由上表可知用于表示上午、中午、下午时间的单音表时语素主要有"昼、晌、午、旰、晏、晡、天、日、工"及其组合形式"晌午、晏昼"等。表达上午、下午的时间词语，大致有5大类别。

a. "晌""晌午"类，主要集中在北方的官话区（北京、东北、胶辽、冀鲁、中原）及晋语，南方诸方言少见使用。

b. "午"类，主要在官话区（东北、胶辽、冀鲁、兰银、西南、江淮）及吴语、平话中。

c. "昼"类，主要集中在南方方言中（湘语、赣语、客话、吴语、徽语、闽语、粤语），一些词语如"上昼""下昼"在南方分布广泛。

d. "天"类（"前/后半天、上/下半天、早/晚半天"）主要在兰银、中原、西南、江淮官话及吴语等方言中。"日"类（"前/后半日、上/下半日"）主要出现在徽语、吴语中。

e. "旰""晡"类，主要出现在客话和闽方言中。"晏"类主要在闽语、粤语、吴语、平话中。

表达中午的时间词语，大致有以下几类。

a. "晌""晌午"类，所有的官话区及晋语区都有使用。

b. "午"类（中午/当午/午时），在东北官话、冀鲁官话、胶辽官话、中原官话、西南官话、兰银官话、江淮官话、湘语、赣语、吴语、客话、闽语、平话均有分布。

c. "昼"类，主要集中在南方方言中（赣语、客话、吴语、徽语、闽语、粤语）。

d. "中时/中间"类，主要在江淮官话、湘语、赣语、吴语中。

e. "晏/晏昼"类，主要在客话、吴语、粤语、平话中，西南官话也有。

从上述考察看，汉语方言表达上午、中午、下午的时间，所使用的语素有很大的相关性，并且这些时间的表达呈现明显的"北—南"对立的趋势。

属于北方体系的是"晌""晌午"系统，主要集中北方官话区，南方诸方言罕见使用。

属于南方体系的是"昼"系统，"旴、晡、晏"则多见于闽语、客话、粤语中。

而"午"类，除粤语外，几乎各地方言都有部分地区使用。

【3】晚上①

汉语方言表示晚上的主要时间词语见表2-7：

表 2-7

官话	北京	夜里头/黑个儿/黑家/黑间/黑下
	东北	晚上/黑家/黑下/夜里/下黑儿/下晚儿黑/黑界
	胶辽	黑子儿/光晌黑儿/黑日/黑儿天/黑价/黑下
	冀鲁	后晌/晚上/夜里/黑夜心/后晌黑里/黑个/黑心/黑后晌儿/黑家/黑间/黑夜/黑天/黑下
	兰银	晚夕/晚上/黑里/黑了
	中原	黑地/黑间/黑家/黑来/夜来/晚黑/黑黑来/黑/黑咧/黑天了/深黑夜/黑里/黑了夜/晚夕/晚夕里
	西南	晚上（些）/夜晚/晚心/夜里/夜晚头/下晚/夜首/夜晚些/夜晚家/晚夜/晚上/晚辰/晚起/晚上家/晚辰家/晚些家/晚晨间/晚晨些/晚夕/夜晚黑/夜头/到夜/黑打/黑呀/黑哒/黑晚夕/黑喽家/黑老/黑下
	江淮	晚上/夜里头/夜头/夜心头/夜夕/夜内头/夜里面/晚些/夜下

---

① 本表不收表示傍晚的词语，因此像"黄昏头"（苏州）、"断乌子边"（福建永定下洋）等词均未列入。

续表

晋语	黑夜/黑咾/夜烧/黑夜日/黑地儿/黑间/黑里/黑来/黑儿
湘语	夜里/夜界/夜间子/夜巴/夜基/夜黑子/夜头
赣语	夜上/夜晚/夜里/夜晡/黑儿/夜头/暗暝
客话	夜/夜晡/暗晡/晚晨头/夜晡时头/夜晡头/夜晚辰/暗晡头/暗晡时/暗晡夜/暗晡时头/暗/暗头/暝昏
吴语	夜里/夜里厢/夜头/夜来/夜到（头）/晚头/夜到/夜底/夜捞/夜特/夜勒/夜啦/夜得/夜头时/夜头点/夜间头/夜晚间/昼后/晏昼/夜到晚头/晚儿/晚先/晚里/晚上头/暗头
徽语	夜/夜下/夜上/夜家
闽语	暝晡/暝/夜/夜头/夜暗/暝昏/下昏/暗头仔/晡/晡时头/猛暗头/暗上/訔晡/訔晡头/冥内/冥间/冥界/冥暗/冥头时/冥昏仔/冥头/暗暝（头）/暗冥时/暗时/暗晚/蜀暝/暝上/暝头/暝旰/暝时/暝昏时/暝晡头/曩晡头/下昏/暗时/昏/夜暗/暗/暗头/暗晡
粤语	夜/夜晚/晚头/晚头黑/晚头夜/夜晚黑/黑晚夜/黑了/到夜
平话	夜里

由上表可知，汉语方言指称夜晚的时间语素主要有"夜、晚、黑、晌、暝、暗、昏"等。表达夜晚的时间词语，大致有5大类别。

a. "晌"类，主要在冀鲁官话（如"后晌"，胶辽官话有"光晌黑儿"）。

b. "黑"类，主要分布在官话及晋语。"黑夜"主要在冀鲁官话、晋语中使用①。

c. "晚"类，主要出现于部分官话区（如东北官话、冀鲁官话、兰银官话、西南官话、江淮官话），在吴、粤语也有使用②。另，"晚夕"主要出现在中原官话、兰银官话、西南官话。"晚黑、黑晚"主要在中原官话、西南官话使用。

d. "夜"类分布最广泛，特别是南方（包括湘语、赣语、徽语、吴语、客话、粤语，以及江淮官话、西南官话）。"夜晚、晚夜"主要是西南官话、赣语、客话、吴语、粤语等③。

---

① 岩田礼先生（2009：80）认为"黑"系多分布于北方西部，实际上"黑"类除江淮官话外，见于其他各个官话区。

② 岩田礼先生还认为"晚"系多分布于长江流域，我们注意到在淮河以北的部分官话区也有分布。

③ 岩田礼先生（2009：80）认为长江以南地区除西南地区外都是"夜"系及"暗""暝"系的领域。甚是。

e. "暝/冥""暗""昏""晡""暝晡、夜暗、暝昏、暗暝、夜暗"等主要在闽语区。

此外,还有一些表示傍晚或晚上的三个成分的叠加。如"夜晚黑""晚西黑""黑晚夜""黑晚夕"等。主要分布在西南官话、粤语中。

综上所述,夜晚义时间词语也大致可分为南北两系。北方体系以"黑""后晌"为主,"晚"类也以北方官话为主。"夜"虽然在北方官话的一些方言区也使用,但主要用于南方,而"暝/冥""晡""暗""昏"则主要在闽语区。

【4】白天

汉语方言通指白天的主要时间词语见表2-8:

表2-8

官话	北京	白个儿
	东北	白天
	胶辽	白日儿
	冀鲁	白天/白夜
	兰银	白天
	中原	白日儿/白儿里/白天/白日
	西南	白天(家/里)/日里
	江淮	白天/日里/清光
晋语		白天
湘语		日里/白天
赣语		日上/日里
客话		日时头/日辰头/日帝(辰)
吴语		日里(厢/头)/白天/热里向
徽语		日子/晏了
闽语		日中/日旰/日头/白日/日时/日昼/透日当/就日当/昼
粤语		日头
平话		白日

由表2-8可知指称白天主要有两类。

a. "日"加"里/中/上"等方所成分,主要在西南官话及湘语、赣语、客话、吴语、闽语、粤语使用。

b. "白"加"天/日"等时间成分,"白天"在东北官话、冀鲁官话、兰银官话、中原官话、西南官话、江淮官话及晋语、湘语、吴语等方言使用;"白日"主要在北京官话、胶辽官话、中原官话及闽语、平话等方言使用。

2. 汉语方言日内时间表达体系的历时考察

【1】早晨表达系统

1. 古汉语中表示从日出到早饭前的一段时间的词语主要有"早、朝、晨、曙、晓、夙、旦"等。从今方言看,仅"早、朝、晨"在口语中保留下来。

"早",《说文》"晨也",很早就已经使用。"朝",《尔雅·释诂》"早也",《说文》"旦也"。甲骨文中已有"朝"。罗振玉《增订殷虚书契考释》分析字形曰"此朝暮之朝字,日已出茻中,而月犹未没"。(汉语大字典编辑委员会,2010:2235)《诗·墉风·蝃蝀》:"朝隮于西,崇朝其雨。""晨",《尔雅·释诂下》:"早也。"《诗·小雅·庭燎》:"夜如何其,夜乡晨。"此后汉语史上"晨"作为构词成分一直很活跃。

王凤阳(2011:3)认为"朝"是"早"的后起词,"早"形容词化,所以表示早晨这一时间段的意思就主要由"朝"承担。其实"朝"很早就用于表示早晨,"早"的形容词化可能只是"早"词义发展的一个方面。现代方言也表明"早"仍是汉语最基本最核心的早晨义构词语素。

魏晋时期我们常常见到"早""朝""晨"分别表示早晨的情况。如:

(1) 忍饥勤苦,形容枯悴。年七十五,忽早召弟子,说其夜梦。(《比丘尼传》卷一)
(2) 佛宿敕诸园监,各令晨采好华,早送入宫至中。(西晋·法炬译《阿阇世王授决经》)
(3) 入告妇言:我朝来未食,王今当杀我,急为具食。(同上)

这证明"早""朝""晨"此期曾作为同义词共存。在现代方言的时间词中作为构词语素,"早"存在于多数方言,"朝"退出了多数的北方地区,"晨"在部分官话(中原、冀鲁、胶辽、西南)及南方方言(闽语、平话除外)保留。

2. 方言中有不少"早""朝""晨"相互组合而形成的双音节时间词语。

目前所见时间词"早晨"的最早确切用例在唐代。如:

（4）早晨有敕鸳鸯殿，夜静遂歌明月楼。（顾况《李供奉弹箜篌歌》）

此后多见用例。如宋代吴曾《能改斋漫录·事始》："世俗例以早晨小食为点心，自唐时已有此语。"

"晨早"见于宋代，然例不多见，如《云笈七签》卷八十七："至于四月四日，于甘泉东流水之北岸，东面向朝阳之地，晨早沐浴兰汤，使身意清净。"①

陈莉（2006：43—44）指出此后"晨早"很长时间不见用例，直到《训世评话》才再一次出现，但与《训世评话》同时代或时代相近的文献中未见用例。直到清代，在《欢喜冤家》《俗话倾谈》中才见到一些用例。如：

　　（5）古时，王令道的官人知县南昌时，有一日晨早，见一小妮子堂前拿者苕篓啼哭。（《训世评话》30白）
　　（6）每朝晨早，定必到家婆处问安，捧茶献饼，少不免修饰颜容，威仪致敬。（清·邵彬儒《俗话倾谈·横纹柴》卷上）

根据明清文献的使用情况，我们赞同陈莉的推测："晨早"在当时可能只是个通行于南方民间的口语词。

"朝晨""晨朝"东汉有用例②，此后均可见到这两个词的使用。如：

　　（7）朝晨发兮鄢郢，食时至兮增泉。（东汉·王逸《哀岁》诗）
　　（8）一时佛在迦维罗卫国精舍中止。晨朝整服，呼语阿难。（后汉·支曜译《佛说成具光明定意经》）

"朝早"在魏晋出现。如：

---

① 陈莉（2006：43）指出：在同时期文献中，并未见到"晨""早"连用的例子。在《云笈七签》中，表"早晨"用"晨""早"，"晨早"连用仅此一例，因此，它可能还未成词，仅仅是偶然的同义连文。
② 《汉语大词典》首例选在唐代，太晚。

(9) 大王园中无有此华。臣朝早将园华道路逢佛，不胜欢喜，尽以上佛。(西晋·法炬译《阿阇世王授决经》)

按，岩田礼先生（2009：78）认为南方方言"朝早""早上"的"早"，其功能可能接近词缀，也类似"鸡母"的"母"。我们不赞同这种观点。就现代分布看，南方"早、朝、晨"的相互组合有：早晨/晨早（西南官话、湘语）、早晨/朝早（赣语）、朝晨/晨朝（客话）、朝晨/早晨（吴语）、晨早（徽语）、早上/晨早/朝早（粤语）、朝早（平话）。考察这些词语在汉语史上的表现，结合汉魏以来汉语词汇双音化的趋势，以及中国历史上的几次大的移民活动，我们宁愿认为"早晨""晨早""朝早""朝晨""晨朝"是受复音化趋势影响而形成的，如果"早""朝""晨"原本就有不同方言背景的话，那么这些双音词就是不同方言融合而形成的同义并列式合璧词①。

又，岩田礼先生（2009：76）说："'朝'的原义是天亮，'晨'也是，后世变成表 morning 这一抽象概念的名词，可以认为是名物化（nominalization）。有两种描写性的词形，'天光'和'天亮'，广泛分布在东南沿海地区……此乃为'朝'的同义代替，可能暗示这些地区过去广泛分布着'朝'。"

按，我们觉得这一推断过程以及结论都不能令人信服。即便"朝"的本义是天亮，是由天亮转指早晨，也不能证明"天亮"是替换"朝"的结果。从历史文献看，"曙"在先秦表示天明，如《楚辞·九章·悲回风》："涕泣交而凄凄兮，思不眠以至曙。"南北朝时期"天曙"表示天明，如：

(10) 寒鸡思天曙，拥翅吹长音。(西晋·刘伶《北芒客舍诗》)

汉代即用"天明"表示天亮，如：

---

① "合璧词"是游汝杰先生（2012）提出的概念，指一个双音节合成词的两个语素分别来自不同的语言或方言。

(11) 怀兰英兮把琼若，待天明兮立踯躅。（东汉·王逸《九思·悯上》）

"天光""天亮"表示天明均为后起。宋代有"天光"，元明多见。如：

(12) 乃临济下尊宿，与雪窦论此药病相治话，一夜至天光，方能尽善。(北宋·克勤《佛果圜悟禅师碧岩录》卷九)

(13) 路过宝坊，天色将晚，特投圣祠，告宿一宵，天光即行。(《西游记》第十五回)

"天亮"元代有用例，此后多见。如：

(14) 昨日多吃了几碗酒，就在那柳阴下，一觉直到天亮。(元·无名氏《朱砂担滴水浮沤记》第一折)

因此，我们认为"天光""天亮"是对"天曙""天明"的替换，而后转指为时间词。从历史文献及现代方言看，"天光"早于"天亮"。

【2】上午、中午、下午的表达体系

1. 今方言北方体系的"晌""晌午""上/下半日/天"

"晌"较晚出现，始见于唐代文献，但均表示一天之内的一段时间。如李煜词"梦里不知身是客，一晌贪欢"。

成书于元代的笔记小说《大宋宣和遗事》有"晌午"表示中午的用例，此后多见使用。如：

(15) 是那晌午时分，押往市曹。(《大宋宣和遗事》)

王凤阳（2011：5）认为"晌"源于"饷"。古人农忙季节会在午间给耕作者送午饭，因饷田在午间，故把午时称为"饷"，作为时间词，"饷"字被写作"晌"。

把"晌"看作一个宏观的时段，以午时为界，分为前后两部分是自然的事。"后晌"（"后饷"）见于元代文献，表示下午。如：

(16) 海青兔鹘, 早晨二两, 后饷三两; 鹰儿鸦鹘, 早晨一两, 后饷二两。(《元典章·户部二·官吏》)

唐以前不见"晌""晌午",而现代方言只见于北方,南方诸方言一般不用"晌""晌午",这说明"晌午"唐宋才在北方出现,没有影响到南方诸方言。这从侧面说明,南方诸方言时位表达系统至迟在唐宋已经基本定型。

早在先秦时期,人们就以"上/下"来表示顺序或时间的前/后。中古时"下"又作为构词语素在"下+时间词"格式中构成时间词语,表示在某一大的时间单位中靠后的时间。(何亮, 2007: 232)如:

(17) 于日中半日许曝之使干, 下晡乃收, 则坚牢耐久。(《齐民要术·漆》)(下晡: 晡时的后一阶段。)

由此可知"上半日(天)/下半日(天)"之类必在中古之后产生。

据汪维辉先生(2000: 15)考察,中古时期(东汉—隋)开始发生"天"对"日"的替换。今方言"前/后/上/下+半天"与"前/后/上/下+半日"同时存在,说明"天"对"日"的替换并不彻底。

按,"午"表示中午分布较为广泛。"午"很早就用作十二地支的第七位,又用以纪月、纪日、纪时。纪时指十一时至十三时。午时日正中,故称日中为午。这个意义的午是中古以后才用的。在先秦以至汉代,人们以"日"的位置做时间标记,正午只叫"日中"。(王凤阳, 2011: 3)"中时"一类的时间词该是较早出现的词语,保留在江淮官话及湘语、赣语、吴语中;"上午/下午"也产生于中古之后,"午"类词语在各方言都有分布,这是中古时期开始向各地扩散的结果。

2. 今方言南方体系的"昼""旰""晡"

"昼"在古代有白天、中午两个义项。

a. 《说文·画部》:"昼, 日之出入, 与夜为介。"指白天从日出至日落的时间。如:

(18) 昼尔于茅, 宵尔索绹。(《诗·豳风·七月》)

考察先秦用例，"昼"多指白天。或单用，或与"暮、夜、宵、夕"对举。先秦有"正昼"一词，见于《庄子》及《晏子春秋》，意为大白天。如：

（19）民之于利甚勤，子有杀父，臣有杀君，正昼为盗，日中穴阫。（《庄子·庚桑楚》）（正昼与日中并举。日中，中午）

汉代以后"昼"表示白天的例子极多。因"上/下"的时间用法，以"上昼""下昼"划分白天是很自然的事情。"上昼""下昼"在元明文献已有。如：

（20）下昼时节，是有一个湖州姓吕的客人，叫我的船过渡，到得船中，痰火病大发。（《初刻拍案惊奇》卷十一）

今方言"昼"的白天义保留在"上昼、下昼"之类的词语中。但就白天这一通指时间而言，除闽语外，各方言都不用"昼"，而代之以"白天、白日、日里、日中、日时"等，显示白天义"昼"使用范围缩减。

b."昼"又指中午。《广韵》："昼，日中。"汪维辉先生（2009）指出"昼"当日中讲，自上古起就有用例，唐以前不算少见，在《庄子》《晏子春秋》《汉书》《太平经》等均有用例。《太平经》的例子如：

（21）夫人日有三命，而不自知，日三食乃生。朝不食一命绝，昼不食二命绝，暮不食三［命］绝。绝三日不食，九命绝。［《太平经钞·辛部（补卷一百二十）》］

汪先生（2009）还指出，唐诗中"当昼"常见，大都指中午；"昼寝/昼眠/昼卧/昼睡/昼寐"等极为常见，大多指"午睡"。宋代以后"昼"当"中午"讲的例子比较少见，但明清时期带有吴语色彩的白话小说中还时有所见。文献中不少指白天中一个时段的"昼"既可以指中午，似乎也可以指早饭后至日落前的一段时间，所指有一定的弹性和模糊性。

总的来说，文献中"昼"的使用非常广泛，"昼"原本应是通语。从今方言看，"昼"表中午只在南方出现（如赣语、客话、吴语、徽语、闽语、粤语），北方已为"晌"替代。从"晌""晌午"在历史文献中的使用来看，在唐宋时期北方口语中就开始了"晌"对"昼"的替换。

"旰""晡""晏"原本各有时间意义，后来在一些方言中发展出类似于 DAY 的时间义①，我们没能在历史文献中找到用例。

【3】夜晚时间表达体系

1. 今方言北方体系的"黑""后晌""晚"

a. 岩田礼（2007）认为，过去曾有一个时期"夜来""夜里"遍及全国并表达晚上义，后来在淮河以北的方言中"夜来""夜里"转而指昨天，而晚上义则由两类词填补，一是"黑"类词，二是"后晌"类。从今天方言夜晚义词语的分布看，他的观点是正确的，只是"后晌"表示夜晚主要在冀鲁官话。

按，人们常以"黑"描述自然界的变化，这本是叙述一个事件用以表时，但是这表述形式已经词汇化了，因而"黑"等也由表示时间的特征变为指称时间本身，成为表示时间的时间成分。"黑"在唐代已有夜晚义，"黑"至少在唐代就已经作为时位成分使用了。如：

（22）几度归侵黑，金吾送到家。（唐·李廓《长安少年行》之三）

我们的调查显示"后晌"表夜晚见于清代。下例中的"后晌"泛指夜晚：

（23）世间要你中做嘎？今后晌若不接客，准备着打发你归家！（《聊斋俚曲集》第十回）

从地域上看，《聊斋俚曲集》作者就属于冀鲁官话区。

b.《诗·齐风·东方未明》："不能辰夜，不夙则莫。"毛传："莫，晚也。"汉王充《论衡·明雩》："暮者，晚也。"可见在汉代"晚"表黄昏，是口语性较强的一个词，所以用来解释"暮"。南北朝时"晚"又表示夜晚。南朝梁·王僧孺《寄何记室》诗："夜风入寒水，晚露拂秋花。"

---

① 一些方言中"晏昼/晏昼头"的"晏"是表晚、迟的意思。

"晚"的这两个用法在多数官话区及吴语、粤语等方言区使用。

岩田礼（2009：80）认为"晚上"是江淮起源，而"晚上"和"早上"的"上"很可能来自"晌"。考虑到唐以前不见"晌"，元明才见"晚上"，且现代方言"晚上"和"晌"也基本见于北方，我们赞成他的观点。

c. 今方言中"晚"还与其他时位成分组成时间词语，如"晚夕、晚黑、黑晚"。

"晚夕"表傍晚、晚上在唐代已有用例，此后用例多见。如：

（24）那堪更到芙蓉拆，晚夕香联桃李蹊。（唐·刘威《题许子正处士新池》）

"黑晚"元明时期有用例。如：

（25）张胜也十分小心在意，虽泄溺亦必等到黑晚，私自去方便，不令人瞧见。（《喻世明言》卷二十八）

"晚黑"清代有用例。如：

（26）像我如今也竟每日愁的睡不着，该人家一千多两利息银子，孩子们年轻，晚黑都睡了，我鸡叫时还不曾眨眼儿。（《歧路灯》第四十回）

2. 今方言南方体系的"夜""暝""昏""暗"

a. "夜"在甲骨文中就用于表示夜间时间。"夜"一般指从天黑到天亮的一段时间，与"昼""日"相对。如《诗·唐风·葛生》："夏之日，冬之夜，百岁之后，归于其居。"

从现代方言看，"夜"虽在北方方言部分存在，但多数地区被"黑"或"后晌"替代，"夜"普遍用于南方（闽语虽部分地点也用"夜"，但常见的是"暝""暗"等）。"夜"参与构成的"夜晚、晚夜"也多用于南方，属于历史传承词。

"夜晚"约在唐代出现，如孔颖达疏《诗·召南·小星》"肃肃宵征，夙夜在公":"谓诸妾夜晚始往及早来也。"此后历代均很常见。《三朝北盟会编》《三国演义》《西游记》《水浒传》《金瓶梅》、"三言二拍"等均有不少用例。

"晚夜"宋代已见用例。如：

(27) 风摇草色，日照松光。春秋非我，晚夜何长。(《梦溪笔谈·艺文二》)

岩田礼（2009：82）指出"夜里"来自"夜来"。从这两个词在历史文献的使用情况看，两词没有明显的先后关系，因而我们不赞成他的这一观点。

考察历史文献，魏晋南北朝时期，随着"来"的词缀化，出现了"夜来"表示夜晚的用法。如：

(28) 吾夜来腹痛，不堪见卿，甚恨。(王羲之《杂帖》，《全晋文》卷二十六)

唐代"夜来"可以表示夜间、昨夜。如：

(29) 春眠不觉晓，处处闻啼鸟，夜来风雨声，花落知多少。(孟浩然《春晓》)

但是南北朝已有"今夜里"，唐代"夜里"用例不少。如：

(30) 只看今夜里，那似隔河津。(南朝陈·陆系《有所思》)
(31) 白头使我忧家事，还如夜里烧残烛。(唐·王建《去妇》)

b. "暝/冥""晡""暗""昏"主要在闽语区（客话也用"晡"）。
"暝"同"冥"，《说文》："幽也。"上古为昏暗义。如：

(32) 闇然而暝，忽不知处。(宋玉《神女赋》)

中古时期"暝"有了日暮、夜晚义。唐宋时表日暮、夜晚的用例极多。如：

（33）（祚）至暝眠时，亦云："来伴我宿。"（《古小说钩沉·幽明录》）

（34）朝餐辍鱼肉，暝宿防狐狸。（韩愈《病鸱》）

元明仍有不少用例。清代用例已不多见，且出现于文言色彩较强的语料中，如诗词、书信等。

从历史文献看，至迟在清代，北方话口语中"暝"已经消失，而保留在南方闽方言中。

"晡"在今方言中主要集中在客闽方言。方言中"晡"有三义。一是相当于 DAY 这一抽象成分，如"下晡/下晡时/半下晡子"；二是在闽、客方言表示傍晚，如"晡时/晡晨"；三是在闽语表示晚上，如"暗晡/暗晡头/暗晡时"。在历史文献中"晡"有两个时间意义，一是指申时，即十五时至十七时；第二个意义指傍晚，夜。今闽、客方言中的"晡"的第二、第三种用法应是继承于古代。

中古时期"晡"就表示傍晚、夜晚。如：

（35）憙乃表奏谒者将护，分止它县，诸王并令就邸，唯朝晡入临。（《后汉书·赵憙传》）

唐时"晡食"指晚餐。如柳宗元《段太尉逸事状》："太尉曰：'吾未晡食，请假设草具。'"

"昏"，《说文·日部》："日冥也。"指天刚黑的时候，傍晚。这个意义很早就有。如：

（36）昏以为期，明星煌煌。（《诗·陈风·东门之杨》）

但今日除"黄昏"外，表时的单音时位成分"昏"只保留在南方方言，应是北方已被其他时位成分替换，而闽、吴、客等方言保留了上古时期的用法。

"暗",《说文》"日无光也",本义为昏暗不明亮。作为表时成分表示夜、天黑。这一用法在唐代或更早就已出现。如:

(37) 车驾逼暗乃还,漏已尽,当合函,停乘舆,良久不得合,乃诏飈合之。(《晋书·职官志》)

上述"暝、晡、昏、暗"等语素构成的双音词"暝晡、夜暗、暝昏、暗暝、夜暗"主要在闽语区。这些时间词均未见于历史文献,属于方言创新词①。如果"暝、晡、昏、暗"原本就有不同的方言背景,那么它们就是不同方言接触而产生的新的合璧词。

【4】白天时间的表达体系

如前所述,对白天的指称主要有两类:一是以北方及部分南方方言为主的"白+天/日",二是主要在南方方言使用的"日+里/中/上"等。

"白日"表示白昼、白天,在南北朝已有用例。如:

(38) 今若背亲逞怒,白日杀人,赦若非义,刑若不忍,将如之何?(《后汉书·吴佑传》)

"白天"直到清代文献才见到用例,我们相信口语中更早就已出现。如:

(39) 往往白天走了七十里,晚上一定要退回三十里。(《官场现形记》十三回)

"日里"表白天唐代已见用例。如:

(40) 不习禅,不论义,铺个破席日里睡。(《全唐诗补编》之从谂《十二时歌》)

---

① "创新词"是李如龙先生(2001:122)提出的概念,指各方言区在自己长期的社会生活中根据交际的需要新创造的方言词。

"日里、日中、日上"这类词语的出现应在方位词"里、上、中"由空间域进入时间域，空间方所义进一步泛化之后。据汪维辉先生（1999）考察，方位词"里"在南北朝后期已大体具备了主要功能，至迟到晚唐五代已经完全发展成熟。由此可知"日里"之类词语应在南北朝之后出现。

以上考察表明，从现代汉语方言来看，一日之内时间的表达或显或隐地体现出南北分立的趋势。那么，为什么会有这样的南北对立？这样的对立大致什么时候形成？这些时间成分在南北汉语内部经历了怎样的历时替换？对此我们有以下认识。

（1）造成这样对立的原因是南方主要继承了上古时位语素（"朝""昼""夜""暝"等），而北方则主要采用中古（东汉至隋）乃至近代汉语才出现的时位语素（如"午""晌""晌午""黑"等）。

如前所述，魏晋时期的文献显示"早""朝""晨"曾作为同义词在同一时空共存，而今方言中"朝"类词语多见于南方，因而这种分化当出现于魏晋之后。"早晨、晨早、朝早、朝晨、晨朝"之类的词语是受汉语词汇双音化，甚至方言接触影响形成的同义并列合成词。

现代南方诸方言（平话除外）都用"昼"表示白天之内的时间，而同样的时间概念北方多用"晌""晌午""午"。从历史文献看，"昼"原本是通语，今南方仍保留沿用，而北方被"晌""午"代替，"昼"逐渐淘汰出口语。从历史文献的使用来看，唐宋时期北方口语中就开始了"晌"对"昼"的替换。

"午"指十一时至十三时是中古以后才用的。为什么中古及中古以后出现的"午""晌午"等没有进入多数南方方言的表时系统？一个合理的解释是，在"午""晌午"进入南方之前，南方各方言的时间表达体系已经成型，以致后来北方的时间词语没能对它们造成大的影响。

今北方表夜晚多用"黑"，这是唐代以来对"夜"类词语替换的结果。"夜"类词语今多用于南方。"暝晡、夜暗、暝昏、暗暝、夜暗"等是闽语区的创新词语。

储泰松（2011）考察过唐人的方言研究，指出唐人"根据方言的自然地理分布，将唐代方言整合为南北两大片，并以秦岭—淮河为分界线。这表明汉语方言的地理差别已从前代的东西差异转变为南北差异"。也就是说，南北方音的差别加大，而北方内部的方音差异缩小。由此可见，南北方言的分立在唐代已经很明显，并为学者所关注。

日内时间词语的南北分立至少在唐代已经明显。从历史文献中"晌""晌午""黑"表时的情况看，南方各个方言的时位表达系统至迟在宋代已经基本定型。

（2）吴语在南方各方言中地位特殊。

我们注意到，吴语中往往有南方各方言中共有的时位成分。如"昼（赣语、湘语、客话、吴语、徽语、闽语、粤语）、朝（吴语、粤语）、昏（吴语、闽语）、晏（赣语、吴语、闽语）、暗（赣语、客话、吴语、闽语）、朝晨（客话、吴语、平语）、晏昼（客话、吴语、粤语）"等。

罗杰瑞（1995：163，186）曾把汉语方言划分为三大区：北方话区、中部方言（含吴语、赣语、湘语）、南方方言（含客话、粤语、闽语）。他认为南方方言来自同一个古代南方汉语，这种古代南方话要比现在的分布更广，可能后汉、三国、西晋时的吴语方言也属于它①。

桥本万太郎（1985：31）指出："吴语和湘语曾经明显地构成同一个方言区，很可能后来在客家南下时从中间分割开了。"张光宇（1999）则认为吴湘一体只是一个简单的说法，其内涵实际上还包括徽语和江淮官话在内。他把这扩大范围的方言地理叫作"吴楚江淮方言连续体（dialect continuum）"。

据游汝杰（2004：22，138），第一批汉人从北南下入闽时代应是西汉末，两汉间入闽的汉人有可能是从吴语区去的，吴语区的人大规模移居闽地应是汉末三国晋初的百年之间，闽语的正式形成应在此期间。到唐宋时代，闽语作为一种独立的有明显特征的大方言才最后明确起来。

吴松弟（1997：180）指出南宋初建炎和绍兴初期，由于金军和北方流民武装集团在长江以南的平原地区作战，迫使已南下的部分北方移民以及南方籍人民向岭南和福建流动。南海、番禺、广州等地有些家族就来自霍山（今安徽）、姑苏（今苏州）、丹阳、浙江等地。由此看来粤语与吴语也有千丝万缕的联系。

汪维辉先生（2000：412）说："我们今天看到的东晋南朝文献……

---

① 罗杰瑞认为今天的吴语与古代的吴语不是一回事。但鲁国尧（2002）则指出"4世纪前本北抵淮河，东晋南朝后退居今常州以南的吴语与现代吴方言一脉相承"。

有一批新的常用词,看来最初是在吴语区先通行的,有的或许就是由吴方言词变成南方通语然后再影响到北方话而成为汉语全民通用词的,……这样的例子目前能确指的虽然还不多,但这个事实的存在应该是毋庸置疑的。"

以上情况表明,南方各方言的时位成分中吴语往往有着彼此间共有的成分,这一现象不是偶然的,从一个侧面说明在南方方言中吴语具有特殊的地位。

本节征引书目

南朝梁·释宝唱:《比丘尼传》,王孺童校注,中华书局 2006 年版。

西晋·沙门释法炬译:《阿阇世王授决经》([日]《大正新修大正藏》第 14 册)。

后汉·支曜译:《成具光明定意经》(《大正新修大正藏》第 15 册)。

北宋·圜悟克勤:《佛果圜悟禅师碧岩录》(《大正新修大正藏》第 48 册)。

明·吴承恩:《西游记》,人民文学出版社 1992 年版。

明·凌蒙初:《拍案惊奇》,上海古籍出版社 1994 年版。

清·严可均辑:《全上古三代秦汉三国六朝文》,中华书局 1958 年版。

南宋·吴曾:《能改斋漫录》,上海古籍出版社 1979 年版。

南宋·无名氏:《新刊大宋宣和遗事》,中国古典文学出版社 1954 年版。

清·邵彬儒:《俗话倾谈》,上海古籍出版社 1994 年版。

北宋·张君房编:《云笈七签》,李永晟点校,中华书局 2003 年版。

《元典章》,陈高华点校,中华书局 2011 年版。

后魏·贾思勰:《齐民要术》,缪启愉校释,中国农业出版社 1998 年版。

清·王先谦:《庄子集解》,中华书局 1987 年版。

逯钦立辑校:《先秦汉魏南北朝诗》,中华书局 1983 年版。

明·张岱:《西湖梦寻》,上海古籍出版社 1982 年版。

清·蒲松龄:《聊斋俚曲集》,国际文化出版公司 1999 年版。

明·冯梦龙:《喻世明言》,梁成等校点,齐鲁书社 1993 年版。

清·李绿园：《歧路灯》，栾星校注，中州书画出版社1980年版。
北宋·沈括：《梦溪笔谈》，辽宁教育出版社1997年版。
鲁迅：《古小说钩沉》，人民文学出版社1953年版。
南朝宋·范晔：《后汉书》，中华书局1965年版。
唐·房玄龄：《晋书》，中华书局1974年版。
清·李宝嘉：《官场现形记》，人民文学出版社2000年版。
清·彭定求等编：《全唐诗》，中华书局1960年版。
陈尚君辑校：《全唐诗补编》，中华书局1992年版。

四 汉语方言傍晚、夜晚义时间语素的共时分布与历时考察

本节要点：汉语方言夜晚义时位成分有的使用范围较为广泛（如"黑/晚"等），有的主要在北方使用（如"宿/黄昏/晚夕"等），有的主要在南方使用（如"夜/夜晚/晚夜"等），有的仅见于少数南方方言（如"晡/昏/晏/暗/暝/旰"等）。方言夜晚义时间语素的复杂性，是历史的层积以及古代方言本身的差异造成的。南方诸方言傍晚、夜晚时间表达系统至迟在宋代已经基本定型。吴语在南方诸方言的时间表达的形成中起了重要作用。

表示傍晚、夜晚时间概念，古代与现代（包括普通话与方言）所用的词语有很大的差异。本节试图从傍晚、夜晚义词语在现代汉语方言的共时分布入手，结合历史文献，讨论汉语傍晚、夜晚类词语的历时发展，并以此管窥汉语方言的相互关系。

本节考察的材料以《现代汉语方言大词典》为中心，以《汉语方言大词典》为补充。考察的对象为表示傍晚、夜晚义的单音节时间语素，如果是两个单音时间语素并列连用，则这个双音节时间成分也作为一个考察对象。例如"昏""夕"均可表示傍晚，那么"昏夕"也是我们考察的对象。

1. 汉语方言傍晚、夜晚义成分的共时分布

《现代汉语方言大词典》所收录的43个方言点中，表示傍晚、黄昏

及夜晚的时间词语很多，这跟过去农耕社会人们的生活习惯有关。用于构成傍晚或夜晚的词语的单音节时间成分主要有：夜、晚、晌、黑、暗、昏、晏、晡、暝/冥、宿、更。并列式双音节成分主要有：昏晏、暝旰、暝曛、暝昏、暝晡、冥暗、晡暗、暗暝、暗晡、暗晚、暗暮、暗昏、晚暗、晚黑、晚夜、晚夕、夜晡、夜晚、夜昏。单音节语素一般不单独成词，双音节构词成分可以独立成词，也可以与别的成分一起构成时间词。

（一）单音节语素

这些语素构成的时间词语如下。

（1）夜

"夜"类词语主要有四种表达形式。

①夜+方所成分+（词缀），如：

夜边~子/~积/~家/夜边下/夜快边/夜罢头儿/夜根/快夜边/夜头/夜头时/夜里/夜下/夜上/夜心/半夜根/半夜间子/夜界/夜间子/夜首/夜底/夜里厢/夜间头/夜内头/夜里面/半夜里

②方所成分+夜：下昼夜/上半夜/下半夜/后半夜/上夜/下夜

③位移动词（到、断、挨、靠、临）+夜：到夜/断夜/挨夜/挨夜边子/挨夜快/靠夜~头/~边/靠夜快/临夜

④夜+位移动词（来、到）：夜快来/夜来/夜到/夜到晚头

⑤其他：夜子工夫/夜儿后晌/夜拂干/快夜头儿/齐夜/夜得/夜黑子/天夜/半夜/半夜子时

（2）晚

"晚"主要有以下几种表达方式。

①晚+词缀或方所成分：晚边/晚快边/晚儿边/晚心/晚上/晚上家/晚些家/晚行里/晚上头/晚先/晚儿/晚里/晚半上/晚头/晚头黑/晚晨头。

②位移动词（挨、捱、傍）+晚：挨晚/捱傍晚儿/傍晚西。

③方所成分+晚：下晚儿/下傍晚儿/下半晚/下晚儿黑。

④晚+其他成分：晚半晌/晚半天儿/灯晚儿/晚半晌儿/晚期黑儿/转晚/晚黄/晚些/晚期/晚起/晚半晌儿/晚辰/晚头夜/晚晨夜。

（3）晌

主要以"后晌"的形式出现。如：

后晌/晚半晌儿/傍不晌儿/夜个后晌/后晌晚夕/大半后晌/多半后晌/黑后晌儿/后晌黑里/夜儿后晌。

（4）黑

人们常以"黑""暗""昏"描述自然界的变化，这本是叙述一个事件，以来表时，但是这些表述形式很多已经词汇化了，因而"黑、暗、昏"等也由表示时间的特征变为指称时间本身，成为时位时间成分。①

"黑"的时间语素词语主要有五种构造方式。

①动词（擦、傍、煞、挨、断、迎、临）+黑

擦黑~家/~子~儿/擦黑黑/眼擦黑/傍黑儿/傍黑天/傍傍黑儿/挨黑/挨黑点/挨傍黑儿/挨黑时际/挨黑快/断黑/断黑边/断黑快/煞黑/杀黑黑儿/随黑儿/摸黑儿/抹黑儿/落黑/迎黑/临黑。

②修饰成分+黑

麻黑/平黑/麻麻黑/齐黑/梅黑/黄黑儿/将黑/将近齐黑/快黑儿/落地黑/合黑儿/后晌黑儿。

③黑+状态成分

黑下去/黑接里/黑下过里/黑些儿/黑将来/黑者来/天黑了。

④黑+方所成分/词缀

黑边子/黑下/黑地儿/黑里/黑间儿/下黑儿/下晚儿黑/黑、黑儿/黑儿白儿/黑子儿/黑心/黑头早晚/夜黑子/晚头黑/黑唔/黑来/黑家/黑头/黑喽家/黑了/后晌黑里。

⑤黑+时间成分（夜、天、后晌、更）

黑夜/黑天/黑儿天/黑后晌儿/黑更半夜。

（5）暗

"暗"主要有以下几种构造方法。

①暗+方位成分

暗/暗边/暗头/暗边头/暗定/要暗仔/暗上/暗摸/暗当/猛暗头/暗仔/暗暗。

②动词（断、挨、齐、临、倚、煞）+暗

断暗/断暗边/挨暗哩/齐暗/临暗/临暗头/倚暗/刹暗/起麻暗子。

③暗+时间成分

黄昏暗/暗暮仔/暗时/半晡暗。

---

① 李向农指出时点具有表示时位即时间位置的功能。参李向农《现代汉语时点时段研究》，华中师范大学出版社1997年版，第19页。

④主谓结构"天/日+暗"

天寝寝暗/日要暗。

(6) 除"黄昏"外（如：黄昏/黄昏头/黄昏戌时/黄昏边/黄昏界/黄昏暗/黄昏子边），其余的"昏"类词语主要是闽语、吴语。如：昏/昏仔/行昏/杀昏/闲昏/下昏/麻昏/麻昏头。

(7) 闽、赣、吴语的部分地区有"晏"表示晚上的用法。如：晏头/晏头囝/昏晏边里/晏边/晏/晏灌/晏昼。

(8) "晡"类词语表示傍晚，见于客话、闽语；表示夜晚，见于闽语。如：半晡/晡时/晡晨/晡/晡时头/曩晡头。

(9) "暝/冥"类词语表示夜晚，基本出现于闽语区。如：暝/暝上/暝时/冥内/暝头/冥间/冥界/冥头时/上半暝/顶半暝/冥阑/暝半/半暝/半暝囝/透暝/落暝/蜀暝/暝尾/下半暝/后半暝。

(10) "宿"类词语如：前半宿/下半宿/经宿半夜。

"更"也用于表示夜晚，但都只出现在一些固定词语中，如三更半夜、二更之类，故不予考虑。

(二) 并列式双音节时位成分

(1) "暗暝/暗冥"类：暗暝/暗暝头/暗暝时/暗暝边。

(2) "暗晡"类：暗晡/暗晡边子/暗晡仔/暗晡头/暗晡时/暗晡夜。

(3) "暝昏/冥昏"类：暝昏/暝昏头/冥昏时/冥昏仔/冥昏头。

(4) 其他主要出现于闽语的如：暗昏时/暗晚/暗晚边/暗暮仔/暝晡/暝晡头/暝暗/暝暗头/夜昏/夜昏仔/夜昏头。

(5) "夜晡"类：夜晡/夜晡头/夜晡时头/夜晡仔。

(6) "晚黑"类：晚黑/晚黑来。

(7) "晚夕"类：晚夕/晚夕里/半夜晚夕。

(8) "夜晚"类：夜晚/夜晚头~些~家/夜晚住家/夜晚辰/夜晚间、晚夜。

(9) 此外，还有一些表示傍晚或晚上的三个语素的叠加。如"夜晚黑""晚西黑"①"黑晚夜""黑晚夕"等。

以上时位成分分布见表2-9。

---

① "西"本字疑为"夕"。

表 2-9

	北京官话	东北官话	胶辽官话	冀鲁官话	中原官话	兰银官话	西南官话	江淮官话	晋语	赣语	湘语	客话	吴语	徽语	闽语	粤语	平话
夜①	+	+	+	+	+	+	+	+	+	+	+	+	+	+	+	+	+
晚	+	+		+		+	+	+	+	+		+				+	
晌	+		+		+				+								
黑	+	+	+	+	+	+		+	+	+	+		+			+	
暗										+		+	+		+		
昏													+		+		
晏											+		+		+		
晡												+			+		
暝/冥															+		
宿		+	+	+													
黄昏					+		+	+	+			+			+		
暗暝/暗嚳															+		
暗晡												+			+		
暗昏															+		
暗晚															+		
暗暮															+		
暝昏															+		
暝晡/嚳晡															+		
暝暗															+		
暝旰															+		
暝曛																	
夜晡										+		+					
晚黑					+											+	
晚夜					+						+					+	
晚夕				+	+	+		+		+							
夜晚					+				+				+	+		+	
夜昏													+				

① 加圈号的是这些方言中除 "上半夜" "下半夜" "三更半夜" 等少数几个词语外,"夜" 不直接构成表示夜晚的时间词。

（三）小结

（1）从以上的考察可知，汉语方言的夜晚义时位成分可分为四类。

其一，有的构时成分使用范围广泛，几乎在所有方言区使用。如"黑"（徽语、闽语、平话除外）。

其二，虽然地域上兼有南北，但各时位成分使用范围不一。"晚"使用范围较大；"黄昏"南方出现于闽语、客话，其余出现于官话方言区；"晚夕"除湘语外，其余出现于北方方言；"夜晚"除西南官话外，其余出现于南方方言粤语、徽语、吴语、赣语；"晚夜"主要在粤语、客话、西南官话方言使用。

其三，出现于某几个方言区，但有南北差别。

a. "宿"只出现于地理位置偏北的官话区或晋语区。在"黄昏"等的分布上，西南官话和江淮官话也不同于其他官话区而较接近南方方言。

b. "晡、昏、晏、暗"及其复音形式"暗晡、夜晡、暗晡、夜晡"都只出现于南方方言。这些时位成分在南方几个方言间交叉出现，彼此交织。

其四，"旰、暝、暗暝、暗昏、暗晚、暗暮、暝昏、暝晡、暝暗、夜昏"只在闽语区使用，为闽语专有特征词，闽语所独有的双音时位成分之所以这么多，是因为单音成分"晡"只在客话、闽语出现，"昏"只在吴语、闽语使用，"暗"只在赣语、客话、吴语、闽语使用，这些单音成分的组合造成闽语双音特有时位成分较多。

2. 傍晚、夜晚义时间成分的历时考察①

（一）单音时位成分

上古及中古汉语中表示傍晚、夜晚的单音时位成分主要有"夜、晚、昏、夕、宵、暮、暝、晡、曛、宿、更、鼓②"等，对比现代汉语方言，"宵、鼓"已完全退出口语使用范围，"更、夕、曛"也基本淘汰，仅在少数固定词语中仍在使用。"晌、黑、暗"则是后来近代汉语中新出现的时位语素。

1）"夜""黑""晌"

a. "夜"在甲骨文中就已使用。王凤阳（1993：1—2）指出，"夜"

---

① 部分时间语素在拙文《汉语方言日内时间的表达格局及其成因》（《汉语史学报》2017年第17辑）有涉及。

② "鼓"为夜间记时单位，与打更报时相同。

一般指从天黑到天亮的一段时间，与"昼""日"相对。"夜"与"宵"有别，"夜"本是个亮度概念，同时也是时间概念；而月光照射之下称"宵"，相当于黑天、黑夜。不过早在先秦，"宵""夜"界限已经混淆，但区别仍在，表黑天、趁天黑用"宵"，表示整夜时间用"夜"。

"夜"指夜晚、深夜。如：

（1）夏之日，冬之夜，百岁之后，归于其居。（《诗·唐风·葛生》）

（2）夙兴夜寐，靡有朝矣。（《诗·卫风·氓》）

指黄昏，天黑。如：

（3）岂不夙夜？谓行多露。（《诗·召南·行露》孔颖达疏：夙，即昕也；夜，即昏也。）

这些用法后代一直都有使用，如《西游记》《醒世姻缘传》皆有用例。

岩田礼先生（2007：1—27）认为，过去曾有一个时期"夜来""夜里"遍及全国并表达晚上义，后来在淮河以北的方言中"夜来""夜里"转而指昨天，而晚上义则由两类词填补，一是"黑"类词，二是"后晌"类词。

b. 考察表明，除一些固定用法外，北方方言表示夜晚多用"黑"表示。"黑"作为时位成分使用唐代已经开始。如：

（4）侵黑行飞一两声，春寒嘹唳小未分明。（王建《和门下武相公春晓闻莺》）

c. "晌"

"晌"表示傍晚、晚上的主要形式是"后晌"，主要分布在北京官话、冀鲁官话、胶辽官话、中原官话等官话区，晋语区也有。如"后晌/晚半晌儿/后晌晚夕/黑后晌儿/后晌黑里/夜儿后晌"等。

"晌"较晚出现，唐代文献均表示一天之内的一段时间。如：

（5）梦里不知身是客，一晌贪欢。（李煜《浪淘沙》）

"晌午"表示正午，宋代有用例，此后多见使用。如：

（6）徽宗敕下，差甄守中做监斩官。是那晌午时分，押往市曹。（《大宋宣和遗事》）

（7）你晌午后先吃了人一顿拷，怎又将他来扯拽着。（元·无名氏《争报恩》第一折）

虽然文献较晚出现"晌""晌午"表示中午，但在民间应早于宋代就已使用，且始终作为一个北方方言词汇存在，没有影响到南方诸方言。这从侧面说明，南方诸方言时间表达系统至迟在宋代已经基本定型。①

"后晌"表中午见于元代文献，后代屡见。如：

（8）海青兔鹘，早晨二两，后晌三两；鹰儿鸦鹘，早晨一两，后晌二两。（《元典章·户部二·官吏》）

"后晌"表夜晚见于清代。体会以下两例中的"后晌"应泛指夜晚。如：

（9）清晨后晌孝顺你，一般脸上有笑容，怎么心眼全不动？（《聊斋俚曲集·墙头记·第四回痴儿失望》）

（10）世间要你中做嘎？今后晌若不接客，准备着打发你归家！（《聊斋俚曲集·增补幸云曲》）

值得注意的是"晌"虽然在官话区广泛分布，但"晌"不用于西南官话和江淮官话（"晌午"在西南官话用）。

鲍明炜（1986）认为南京方言在魏晋南北朝时期尚属于吴语，今则为北方方言。刘丹青（1997）则指出，较为稳固而定型的江淮方言区形

---

① 游汝杰（2004：133）指出中国南方的吴语、湘语、粤语、闽语、平话、赣语、客话七大方言地理分布的格局是在南宋初年奠定的。

成较晚，江淮方言是在这一带原先的南方方言（主要是吴语）和不断南下的历代北方人的方言长期融合之下逐渐形成的。崔荣昌（1997）认为早在600年前，官话方言就已深入四川，清朝前期湖广地区（以湖北为主）的大批移民入川，从而形成今四川话西南官话的体系。李蓝（1995）则认为明初平定西南后大量向云贵移民，使得云贵的社会结构发生根本性变化，汉语方言也随之形成并延续下来。由此可以推知，江淮官话未受"晌"、"晌午"影响，江淮方言时间表达系统在宋代已基本定型，而西南官话部分吸收了"晌午"。

2）"晚""夕""晡""暮""晏"

a."晚"

《诗·齐风·东方未明》"不能辰夜，不夙则莫"毛传："莫，晚也。"汉王充《论衡·明雩》："暮者，晚也。"他们用"晚"来解释"暮"，可见在汉代"晚"表黄昏，是口语性很强的一个词。①

南北朝时"晚"又表示夜晚。如：

（11）夜风入寒水，晚露拂秋花。（南朝·梁·王僧孺《寄何记室》）

"晚"的这两个用法在多数官话区及赣语、湘语、吴语、粤语等方言区使用。

b."夕"在上古有傍晚，日暮及夜晚两义。② 在现代汉语各方言中都已不用，仅在一些固定词语中保留，如"夕阳""晚夕"。

c."晡"

在历史文献中"晡"有两个时间意义，一是指申时，即十五时至十七时。"晡"指申时是战国末年之后才明确划分出来的时段。如：

（12）其日中，贺发，晡时至定陶，行百三十五里，侍从者马死相望于道。（《汉书·昌邑哀王刘髆传》）

---

① 王凤阳（1993）认为"晚"和"暮"是同源分化词，可以指日落、月上的时候，有傍晚、晚上两义。

② 如：君子有四时：朝以听政，昼以访问，夕以修令，夜以安身。（《左传·昭公元年》）吴子闻之，一夕三迁。（《诗·唐风·绸缪》）

这一用法唐宋以来均有用例，今书面语仍在使用。

第二个意义指傍晚、夜。中古时期"晡"就表示此义。如下面的例子就可理解为傍晚、夜晚：

(13) 犯是者非为菩萨也，是为菩萨具足正戒，一生补处旦暮朝晡当得作佛，光明相好已皆照现。(刘宋·求那跋摩《佛说菩萨内戒经》)

(14) 牵马向渭桥，日落山头晡。(北周·庾信《对酒》)

按，唐时"晡食"指晚餐。如柳宗元《段太尉逸事状》："太尉曰：'吾未晡食，请假设草具。'"

"晡"在今方言中主要集中在客话、闽语。"晡"有三义。一是相当于 DAY 这一抽象成分，如"下晡/下晡时/半下晡子"；二是在闽客方言表示傍晚，如"晡时""晡晨"。三是在闽语表示晚上，如"暗晡/暗晡边子/暗晡仔/暗晡头/暗晡时/暗晡夜"。

考虑到客赣方言的关系以及"晡"历史文献的使用情况，"晡"或为古老的北方方言词语，因为表示傍晚、晚上的同义词很多，使得"晡"后来被其他词语替代，而"晡"保留在闽方言中，客话则是受闽方言影响而使用的。

d. "暮"是就日色说的，本指日落时、傍晚。如：

(15) 范文子暮退于朝。(《国语·晋语五》)

"暮"又表示夜。《广雅·释诂四》："暮，夜也。"如：

(16) 断镳衔以驰骛兮，暮去次而敢止。(《楚辞·刘向〈九叹·离世〉》，王逸注："暮，夜也")

在现代，除了古语词及个别时间词中作为语素使用外，"暮"在口语中也被淘汰。

e. 晏

"晏"《说文·日部》"天清也"，本义为晴朗。早在秦汉"晏"就表示暮、晚。如《小尔雅·广言》："晏，晚也。"《吕氏春秋·慎小》；"二子待君日晏，公不来至。"高诱注："晏，暮也。"

"晏"在今赣语、闽语中表示晚间、天黑，在部分吴语、闽语区可表正午。这是"晏"古义的不同体现。

3) "昏""暗""曛""暝""旰"

a. "昏"《说文·日部》"昏，日冥也"。"昏"是就日色说的，相当于"曛"，指日落之后还没全黑的时间，因为"昏"时天色曛黄，所以也称"黄昏"。① 这个意义很早就有。如《诗·陈风·东门之杨》："昏以为期，明星煌煌。"但今日除"黄昏"外，该时位语素在北方已经被淘汰，而保留在吴语、闽语中。

b. 光线暗淡的暮色称"曛"，故用以指日入的时间。这个时位成分已经被淘汰，仅在南方个别地点保留"暝曛"一词。

c. "暗"《说文》"日无光也"，本义为昏暗不明亮。作为表时成分表示夜、天黑。这一用法在唐代或更早就已出现。如：

(17) 车驾逼暗乃还，漏已尽。(《晋书·职官志》)

(18) 垂死病中惊坐起，暗风吹雨入寒牕。(元稹《闻乐天授江州司马》)

"暗"类词今主要存于赣语、客话、吴语、闽语。

d. "暝"同"冥"，《说文》："幽也。"上古为昏暗义。如：

(19) 闇然而暝，忽不知处。(宋玉《神女赋》)

这一意义后代一直沿用，如唐·孟浩然《宿业师山房期丁大不至》诗："夕阳度西岭，群壑倏已暝。"

中古时期"暝"有了日暮、夜晚义。如：

(20) 祚夜宿息田上，忽见有豖，至朝中暮三时食，辄分以祭之，呼云："田头鬼来就我食。"至暝眠时，亦云："来伴我宿。"

---

① 参王凤阳《古辞辨》，吉林文史出版社1993年版，第5页。

(《古小说钩沉·幽明录》)

唐宋时表日暮、夜晚的用例极多。如：

（21）朝餐辍鱼肉，暝宿防狐狸。（唐·韩愈《病鸱》诗）

元明仍有不少用例。清代用例已不多见，且多出现于书面语较强的语料中，如诗词、书信等。如：

（22）李某故作不见，欠伸而起曰："日暝矣，吾其去休。霞君珍重，明晚当再来视君也。"（徐枕亚《玉梨魂》）

从历史文献看，至迟在清代，北方话口语中"暝"已经消失，而保留在南方闽方言中。

e. 今闽方言中"旰"表示一定的时间阶段，如"上旰 上午、下旰 下午、日旰 白天、暝旰 晚上、晏旰 下午"① 这一用法文献未见用例。

"旰"，《说文·日部》"晚也"。"旰"是日昃之后的时间，即太阳将落之时。《左传·襄公十四年》："日旰不召，而射鸿于囿。"杜预注："旰，晏也。"历史文献中"旰"常与"食""日""宵"连用，如"日旰忘食、旰食宵衣、宵旰忘劳"，"旰"均为"晚、暮"的意思。

闽方言所记之"旰"与文献的"旰"是什么关系，尚有待研究。

另，"宿"在北方方言中有"前半宿、下半宿、经宿半夜"等词，"宿"作为量词而使用。"宿"做量词用以计算夜约出现在南北朝时期。如：

（23）时有一人自谓大胆，而作是言："我欲入此室中寄卧一宿。"即入宿止。（《百喻经·人谓故屋中有恶鬼喻》）

---

① 按，据20世纪二三十年代地方志，"旰"在部分吴方言有天色晚、中午之义，但《现代汉语方言大词典》均未收入。如：1929年《崇明县志》："旰，乃旦切，俗谓晚也。"1935年《萧山县志稿》："谓日午曰旰，读若爱音。《集韵》音旰。"又，"旰昼"，中午。1935年《萧山县志稿》："谓日午曰旰，有旰昼、旰饭之语。"

值得注意的是，南方诸方言口语中不用"宿"，这说明历史上"宿"做量词可能只存在于北方，而且没有随着人口迁徙流传至南方，可能一开始就是方言词。

（二）单音时位语素构成的傍晚、夜晚义词语

我们主要考察由以上单音时位语素参与构成的表示傍晚、夜晚的动宾式和并列式复音词。

1）动宾式复音词。① 由方向性动词加傍晚、夜晚义时位语素构成。

傍晚、夜晚义词语中，汉语史上出现过的方向性动词有"近、侵、向、投、依、迎、望、挨、逼、薄、迫、际、追、抵、及"等，② 对比现代方言，方言中动宾式词语中的动词主要有"到、断、挨、靠、临、傍、擦、煞/刹、迎、临、随、摸、齐、倚、落"等，见于古文献的方向性动词只有"迎、挨"。动宾式词语中，汉语史上出现的时位成分有"晚、夜、暝、暮、夕、宵、昏"等，现代方言主要有"夜、晚、晌、黑、暗、昏、暝"，继承的有"晚、夜、暝、昏"，消失的有"宵、夕、暮"，新出现的有"晌、黑、暗"。

如果逐个考察方言中动宾式时间词，"到、断③、挨、靠、临、傍、擦、煞/刹、迎、临、随、摸、齐、倚、落"出现的时代大致如下。

a. "到X"成词年代约在宋代。"到夜"在唐代尚为动宾短语。如：

（24）睡到午时欢到夜，回看官职是泥沙。（白居易《喜罢郡》）

宋代仍多为动宾短语，但有的例子可看作一个词。如：

（25）人早起未尝交物，须意锐精健平正，故要得整顿一早晨。

---

① 笔者在拙著《汉语时空隐喻表达式的历时研究》中曾专题讨论位移动词与时间隐喻表达式问题，涉及部分动宾式复音词中的动词。何何亮（2019：142—214）。

② 如表示傍晚的词语有：近晚、破暝、侵晚、侵夜、向暮、向晚、向夕、投暝、投暮、投晚、依夕、迎宵、望昏、挨晚儿、逼暮、逼晚、逼夜、比晚、薄暮、薄晚、追暮、际晚、际暮、际夕、追暮、抵暮、及昏、及暮。

③ "断"有遮蔽、笼罩义。见魏耕原《全唐诗语词通释》，中国社会科学出版社2001年版，第100页。

及接物，日中须汩没，到夜则自求息反静。(《张载集·经学理窟·学大原上》)

(26) 又如一日之间，早间天气清明，便是仁；午间极热时，便是礼；晚下渐叙，便是义；到夜半全然收敛，无些形迹时，便是智。(《朱子语类·性礼三》)

上面两例"到夜"固然可看作动宾短语，但与"早晨/早间""日中/午间"相对而言，看作一个时间词也没问题。

b. "断夜""断暗"未见用例。"断黑"在20世纪初的小说中多见用例。这类词是南方方言词，主要在湘语、赣语、吴语、客话、闽语、粤语，江淮官话、西南官话也有。

c. "傍晚"宋代有用例。此后多见。宋代用例如：

(27) 乾愁有谁解得，傍晚来，风起碎池萍。(尹济翁《木兰花慢·寄朱子西》)

"傍晌"清代有用例。如：

(28) 一日，歪子小傍晌还没吃早饭，出来又没捞着什么。(《聊斋俚曲集·寒森曲》)

"傍黑"清代有用例。如：

(29) 这边彩云忙忙收拾，已傍黑了。(《欢喜冤家》第十六回)

"傍"类词主要在东北官话、冀鲁官话、胶辽官话、中原官话、兰银官话、晋语官话、湘语使用。

d. "挨晚儿"清代有用例。如：

(30) 如今且坐下大家喝酒，到挨晚儿再到各处行礼去。(《红楼梦》第108回)

其他"挨夜""挨黑""挨暗"未见用例,应是方言创新词。"挨"类词语分布很广泛,在北京官话、中原官话、西南官话、江淮官话、粤语、湘语、吴语、赣语、客话都有分布。

e. 其他"靠夜""临黑""临暗""临夜"① "擦黑""煞黑""刹暗""刹昏""迎黑""齐暗""倚暗""落暝""随黑""摸黑"在文献中未见用例。

2) 并列式复音词

汉语史上出现过的表示傍晚、夜晚的并列式复音词有:晡晚、晡夕、黑晚、昏冥/昏暝、昏暮、昏昃、昏黑、昏黄、黄昏、夜昏、夕暮、夕曛、曛暮;昏晚、昏夜、昏夕;晚夕、晚夜、夜晚、夜夕、暮夜、宵夕、宵夜、晦夜。

a. 对比现代汉语方言,仍在继承使用的有:夜晚、晚夜、晚夕、夜昏、黄昏。古今语序不同的是:黑晚—晚黑、昏冥/昏暝—暝昏、昏夜—夜昏、昏黄—黄昏。

"夜晚"约在唐代出现,如孔颖达疏《诗·召南·小星》"肃肃宵征,夙夜在公":"谓诸妾夜晚始往及早来也。"此后历代均很常见。今方言中主要出现于西南官话、赣语、吴语、徽语、粤语。

"晚夜"宋代已见用例。如:"风摇草色,日照松光。春秋非我,晚夜何长。"(《梦溪笔谈·艺文二》)

"晚夕"表示傍晚、晚上在唐代已有用例,此后用例多见。如:

(31) 那堪更到芙蓉拆,晚夕香联桃李蹊。(刘威《题许子正处士新池》诗)

(32) 晚夕吴县尹睡着的时分,你教我知者。(《元典章》刑部卷之四·故杀)

"晚夕"在中原官话、兰银官话、西南官话、晋语、湘语方言均有使用。

"夜昏"原先为主谓结构,可能在东汉已用于表示傍晚、夜间,唐代仍有用例。如:

---

① "临夜"在唐宋均为动宾短语,还未成词。

（33）邪臣谋覆冒其君，先雾从夜昏起，或从夜半或平旦。(《后汉书·郎𫖮传》唐·李贤注引郑玄注)

（34）其第一即都官省，西抵阁道，年代久远，多有鬼怪。每夜昏之际，无故有声光，或见人着衣冠从井中出，须臾复没；或门合自然开闭。(《南史·徐孝克传》)

"黄昏"早在《楚辞·离骚》中就表示日已落而天色尚未黑的时候："曰黄昏以为期兮，羌中道而改路。"此后均可见到用例。如李商隐《乐游原》诗："夕阳无限好，只是近黄昏。"至今仍有一些方言区使用。

至于方言中一些与历史词汇所指相近语素相同语序不同的词语，应是汉语词语双音化过程中对不同选择的结果。

b. 方言中未见于古文献的有：暗暮、暗昏、暗暝、暗晡、暗昏、暗晚、暗暮、昏晏、暝晡、暝旰、暝曛、暝昏、暝晡、暝暗、晡暗、夜晡。这些词语主要集中在闽客方言（"昏晏"除外，在赣语区）。

3. 结语

通过对傍晚、夜晚义时位语素在今方言中的共时分布与这些时位语素在汉语史上的使用情况考察，我们有以下几点认识。

（1）中古及中古以前出现过的傍晚、夜晚义时位语素有"夜、晚、昏、夕、宵、暮、暝、晡、曛、更、鼓、宿"12个，其中"夜、晚、晡、晏、夕、暮"等都同时兼有傍晚、夜晚义，这是由词义的模糊性决定的。同义词繁复带来竞争，一部分被淘汰势在必然。在现代方言中"宵、鼓"已完全退出口语使用范围，"更、夕、曛"也基本淘汰，仅在少数固定历史传承词中使用。汉语史时位语素如此复杂，一是它们本身有历史的层积，二是可能本身就有方言的差异，如"宿"作为计算夜的量词在南北朝开始出现，而今不见于南方，可能跟它一开始就是一个北方方言有关。"晌、黑、暗"是近代汉语出现的时位语素。

（2）近代汉语开始出现许多动宾式时间词，这一构词方式在方言中仍大量存在，但是结构式中的动词及时位语素都发生了替换，"到、傍、挨"仍在使用，"断"类词是南方方言词汇。

（3）唐代以前"夜"做时位语素表达晚上义遍及全国，唐代开始在淮河以北的方言中晚上义则"黑"类词填补。"晌"在唐代出现，"后晌"类表示夜晚则是清代或更早的事。"晌"类词始终作为一个北方方言词汇存在，没有影响到南方诸方言。这从侧面说明，南方诸方言时位表达系统至迟在宋代已经基本定型。江淮官话未受"晌""晌午"影响，其时间表达系统在宋代可能也已基本定型。

（4）"晡、昏、晏、暗"及其复音形式"暗晡、夜晡"都只出现于南方方言。

考虑到客赣方言的关系以及"晡"历史文献的使用情况，"晡"或为古老的北方方言词语，因为表示傍晚、晚上的同义词很多，使得"晡"后来被其他词语替代，而"晡"保留在闽方言中，客话则是受闽方言影响而使用的。

"昏""晏"表示暮、晚先秦就已使用。这些单音时位成分现如今只保留在南方方言，应是北方已被其他时位成分替换，而闽语、吴语、客话保留了上古时期的用法。

这些时位成分在南方几个方言间交叉出现，显示出吴语、粤语、客话、闽语、赣语之间存在着密切的内在联系。

（5）闽语时位成分非常独特。不仅在于它有众多的独有特征词，如"旰、暝、暗暝、暗昏、暗晚、暗暮、暝昏、暝晡、暝暗、夜昏"；也在于一些在其他方言普遍使用的时位成分在闽语却不见使用，如"夜""晚""黑"。

历史文献中"旰"均为"晚、暮"的意思。今闽方言中"旰"表示一定的时间阶段，如"上旰、晏旰_{下午}"这一用法文献中未见用例，是闽方言的创新词。

中古时期"暝"有了日暮、夜晚义，唐、宋用例很多，但清代用例已不多见。我们认为至迟在清代，北方话口语中"暝"已经消失，而保留在南方闽方言中。

（6）我们注意到，这些南方方言间相互交织的时位成分中，往往有吴语的身影。如"昼（赣语、湘语、客话、吴语、徽语、闽语、粤语）、朝（吴语、粤语）、昏（吴语、闽语）、晏（赣语、吴语、闽语）、暗（赣语、客话、吴语、闽语）、朝晨（客话、吴语、平话）、晏昼（客话、吴语、粤语）"等。我们认为吴语在南方诸方言的时间表达的形成中起了重要作用。这从一个方面印证了游汝杰的一个观点。游汝杰（2004：138）指出，吴语作为一种独立的方言在南北朝时期的文献中已有非常明确的记载。北方移民涌入吴语区有三次高潮：第一次是三国时孙权对江南的开发吸引了大批北方移民，第二次是两晋之间的北方移民浪潮，第三次是两宋之交。由于北方移民带来的北方话的影响，较古老的吴语特征是从北向南递减，而最古老的吴语特征则保留在今闽语中，或者说闽语的底子是古吴语。

五 方言季节类时间词语的共时分布与历时考察①

本节要点："春、秋、夏、热、冬、腊"在汉语方言中分布最为广泛，是汉语古老而基本的时位语素。北京—冀鲁—兰银官话、中原—西南—江淮官话表示四季的语素各自相同，这与它们的形成历史、移民状况密切相关。"暑、寒、冷、清"可能是古代南方汉语的区域性时位语素。在今方言格局形成之前，季节类词语中"天"对"日"的替换已经完成。今方言中"时位语素+方所成分"一类词语肇始于六朝，随着方所成分不断发展而丰富。

春夏秋冬是汉民族最重要的时间观念之一。表示四季的时间词语，各方言间有共同点也有较大的差异。本节试图从表示四季时间的词语在现代汉语方言的共时分布入手，以《现代汉语方言大词典》《汉语方言大词典》为中心，参考其他方言材料，结合历史文献、历代移民史，讨论汉语表示四季的词语格局，探讨这些格局形成的原因。

1. 方言中表示四季时间的语素和词语

"春""夏""秋""冬"是指称四季最普遍的语素。除此之外，表达夏季的时间还用"热""暑""伏"等语素，冬季还用"腊""冷""寒""清"等。这些语素与其他成分组合，构成与四季有关的时间词语，表达相关的时间概念，我们称之为时位语素。② 方言中这些时位语素构成的时间词语主要有指称式和陈述式两大类。

---

① 本节主要内容原刊于《西华大学学报》2015 年第 5 期，第 18—24 页。本节修改了体例，订正了引书标注错误，增加了一些例句。

② 郎大地（1997）曾提出过"时位"的概念，但我们的所指与之不同而大体与李向农（1997）、何亮（2007）等人的"时点"相当。之所以不用"时点"，是因为时间词语分为时位、时量两大类，而点、段都能表示时间位置，原有的"时点/时段"名称容易造成混淆。

（一）指称式时间词语

指称式时间词语主要有四小类。

（1）时位语素+时间成分（+词缀）。这类词语一般泛指某个季节。其中的时间成分有"天、季、月、时、时经、时候"等。如：

春天_(头/~家)、春季、春景天、春尾天；夏天、夏季、夏月天、夏常天、夏景天、夏尾天、热天_(子/~时/~头)、热天里、热季、热季天、热月天、热冬、热时经、暑天、暑月、暑伏天、大暑天、伏天、暖天、秋天_(头/~价)、秋季、秋景天、秋季天儿、冬天_(家/~头)、冬季、冬景天、冬寒天、腊月、腊月心、冷天、冷季、冷月时候、寒天、寒季、寒天时、寒冬、冬月、清天、清天时。①

（2）时位语素+方所成分。常见的方所成分有"上、上头、下、头、间、里、向、后、脖子、场、场子"等。有的方所成分仍带有一定的意义，如"头"表示某季节的开始一段时间，"间、里"等表示在某一季节中的时间；有的方所成分已经虚化，类似于词缀，如"上、下、场、场子"等。如：

春上、春上头、春头②、春间、春里、春常里、春浪向、夏上、夏里、秋上、秋里、秋下、秋场、秋场里、秋后、秋头子、秋脖子、冬下、冬间、冬里、冬头、腊尾、腊里豁、腊里向、寒里、寒里头、寒场、寒场里。

（3）时位语素+词缀。常见词缀有"头、来"等。有的词缀在"时位语素+方所成分"之后，主要是"子"。如：春头③、夏头、秋头、春来、夏来、秋来、春起、夏场子、腊间子、冬场子。

（4）方位成分+时位语素。词语表示的时间义与方位成分有关。"上"指开初，"下"指顺序在后的时间。如：初春头、上春、上春头、下春、下冬。

（二）陈述式时间词语

陈述式时间词语是主谓结构或动宾结构，该词语最初是陈述性的，后

---

① 为节省篇幅，各词语不标注所出现的方言点。
② "春头"有的方言指春天，有的指初春。指春天的"春头"我们另归入"时位语素+词缀"一类。表示初春的如西南官话区的广西，闽语区的福建莆田、仙游、厦门、广东潮阳、海康。
③ 指春天、春季。如西南官话区的武汉，闽语区的福建漳平，吴语区的丹阳。

来指称化了。动宾式的如：热人、寒人；主谓式的如：天热、天色热。

构成与四季相关时间的各时位语素及词语在各方言区分布大致见表 2-10。①

表 2-10

	北京官话	东北官话	胶辽官话	冀鲁官话	中原官话	兰银官话	西南官话	江淮官话	晋语	赣语	湘语	客话	吴语	徽语	闽语	粤语	平话
春	+	+	+	+	+	+	+	+	+	+	+	+	+	+	+	+	+
夏	+	+		+	+	+	+	+	+	+	+	+	+	+	+	+	+
热	+		+	+	+	+	+	+	+	+	+	+	+	+	+	+	+
暑					+		+	+			+					+	
伏②					+		+	+		+		+	+				
暖														+			
秋	+	+	+	+	+	+	+	+	+	+	+	+	+	+	+	+	+
冬	+	+	+	+	+	+	+	+	+	+	+	+	+	+	+	+	+
腊	+	+	+	+	+	+	+	+	+	+	+	+	+	+	+	+	+
冷					+		+	+		+	+	+	+				
寒					+		+					+	+		+		
清															+		

从上表可知：

（1）用以表示春、秋的语素，各方言高度一致，都用"春""秋"。

（2）"夏""热"是汉语方言表示夏天的重要语素。据目前所见资料，语素"夏"分布于除胶辽官话除外的方言区，词语"夏天"使用很广泛，只胶辽官话、徽语、平话未见收录；时位语素"热"分布于东北官话外的其他方言区，词语"热天"除东北官话外，见于各个方言区。"暑"主要在中原官话、西南官话、江淮官话、湘语、粤语五个方言区使用；"伏"主要在中原官话、西南官话、江淮官话、赣语、客话、吴语等方言区使用。

（3）表示冬天的时位语素"冬""腊"涵盖所有的方言。"冷"类词语主要分布在中原官话、西南官话、江淮官话、湘语、吴语、赣语、客

---

① 二十四节气名不计入统计。
② "头伏""三伏"之类未计入统计。

话;"寒"类词语主要分布在西南官话、吴语、客话、闽语以及中原官话的部分地区;"清"主要在闽语区,为闽语专有特征词。

由以上可知,"春、秋、夏、热、冬、腊"分布最广,几乎涵盖了所有的方言。鉴于这些语素的广泛分布,我们称之为通语性核心时位成分。"暑""伏""冷""寒""清"分布地区有限,我们称之为地域性时位成分。

(4)北京官话—冀鲁官话—兰银官话、中原官话—西南官话—江淮官话、胶辽官话—徽语—平话、客话—吴语这四组表示四季的语素分别相同,各组内部重合度最高。

(5)在"冷""寒"等的分布上,中原官话、西南官话和江淮官话更接近南方方言。

(6)陈述式季节类时间词主要出现在闽语及吴语的部分地区(如热人[暑天,厦门]、寒人[冬天,厦门]、天热[雷州,夏天]、天色热[夏天,温州])。

2. 季节类时位时间词语的历时考察

历史文献中未见陈述式季节类时位时间词语,以下均为指称式时间词语。

(一)通语性核心时位成分

"春、秋、夏、热、冬、腊"不仅在现代共时平面几乎涵盖了所有的方言,这几个语素在汉语史中历史也很悠久,显示它们一直是汉语的通语性核心成分。

1)早在甲骨文中就有"春""秋",殷人把一年划分为春秋二时。汉族关于四时的明确划分,大约是在西周末期。[1]

据汪维辉先生(2000:15)考察,中古时期(东汉—隋)发生"天"对"日"的替换。"春天"就在这一时期出现。蒋绍愚先生(2012:156)也指出南北朝时期出现"春天""夏天""秋天""冬天"。如:

(1)慎勿违春天之仁,而尚豺狼之凶也。(《六度集经·释家毕罪经》)

(2)有石雁浮在湖中,每至秋天,石雁飞鸣。(《艺文类聚》卷九引邓德明《南康记》)

---

[1] 参刘文英《中国古代的时空观(修订本)》,南开大学出版社2000年版,第15页。

"春季"也在六朝时期出现。如：

（3）有夏李；冬李，十一月熟。有春季李，冬花春熟。（《齐民要术·种李第三十五》）

中古时期方位词逐渐发展起来，一些方位词也逐渐使用于"春""秋"之后构成时间词。如"秋上""夏秋间"：

（4）秋上楮子熟时，多收，净淘，曝令燥。（《齐民要术·种榖楮第四十八》）
（5）顷积雪凝寒，五十年中所无，想顷如常，冀来夏秋间，或复得足下问耳。（《全晋文·王羲之杂帖》）

2）"夏""热"
《尚书》用"夏"表夏季。《书·洪范》："日月之行，则有冬有夏。"秦汉时期有"夏日""夏月""夏节"表夏季。如：

（6）冬日则饮汤，夏日则饮水。（《孟子·告子上》）
（7）夏月暑时，欧泄霍乱之病，相随属也；曾未施兵接刃，死伤者必众矣。（《汉书·严助传》）
（8）日所以有长短者何？阴阳更相用事也。故夏节昼长，冬节夜长。（班固《白虎通·日月》）

随着中古方位词的发展，出现"夏中"。如：

（9）忽然夏中感怀，冷冷不适。足下复何似，耿耿。（王羲之《谢仁祖帖》）

随着"天"对"日"的替换，六朝时出现"夏天"。如：

（10）家有盛柳树，乃激水以圊之，夏天甚清凉，恒居其下傲戏，乃身自锻。（《世说新语·简傲》）

今北京官话、冀鲁官话、晋语有"夏景天""夏金天"。"夏景"指夏日在中古已见用例，唐代多见。如：

(11) 兼晚冬昼促，机事罕暇，夜分求衣，未遑搜括。须待夏景，试取推寻，若温故可求，别酬所问也。(《梁书·刘之遴传》)

(12) 佳人不在此，恨望阶前立。忽厌夏景长，今春行已及。(元稹《表夏》诗之六)

"热"本与"冷"相对，指温度高。《说文》："热，温也。"夏季的最突出特征是"热"，以"热"为时间语素表示夏季也就是情理之中的事。故"热"又指暑气，暑天。如《慧琳音义》"热，暑也"。

(13) 定州先常藏冰，长史宋钦道以叡冒热，遣倍道送冰，正遇炎盛，咸谓一时之要。(《北史·齐赵郡王叡传》)

方言中的"热天、热季、热季天、热时经"文献未见用例。唐代有"热月"。如：

(14) 热月无堆案，寒天不趁朝。(白居易《自题》诗)

3)"冬""腊"

"冬"早在周代就出现了。如：

(15) 日月之行，则有冬有夏。(《书·洪范》)

秦汉时表示冬季的词语有"冬日""冬月""冬时""冬节"等。如：

(16) 公都子曰："冬日则饮汤，夏日则饮水，然则饮食亦在外也？"(《孟子·告子上》)

(17) 温舒顿足叹曰："嗟乎，令冬月益展一月，足吾事矣。"(《史记·酷吏列传》)

(18) 酱齐视秋时，饮齐视冬时。(《周礼·天官·食医》)

(19) 方涉冬节，农事闲隙。(《后汉书·马融传》)

随着"天"对"日"的替换，魏晋时出现"冬天"。如：

(20) 冬天以瓜子数枚，内热牛粪中，冻即拾聚，置之阴地。(《齐民要术·种瓜法》)

段玉裁《说文解字注》："腊本祭名。因呼腊月、腊日耳。"① 早在秦汉时期就用来表示农历十二月，后又泛指冬月（常与"伏"相对）。如：

(21) 腊月，陈王之汝阴。(《史记·陈涉世家》)
(22) 田家作苦，岁时伏腊，烹羊炮羔，斗酒自劳。(汉·杨恽《报孙会宗书》)
(23) 夜寒穷腊尾，春色并年初。(宋·宋祁《守岁》诗)

"腊月""腊尾"沿用至今。

综上所述，"春、秋、夏、热、冬、腊"很早就作为时位语素使用，属于汉语最古老最基本的词语，正因为此，它们才有如此广泛的分布。

(二) 地域性时位成分

(1) 见于数个方言的时位成分

"暑""伏""寒""冷"在今南北方言都能见到，但使用地域有限制。

1) "暑"表示炎热的夏季早在先秦就已使用。如《易·系辞下》："寒往则暑来，暑往则寒来。"

"暑天"表示夏天自唐以来用例极多。如：

(24) 不资冬日秀，为作暑天寒。(唐代韦处厚《盛山十二诗·竹岩》)

"暑月"表示夏月，约始见于南北朝。

---

① 古代称祭百神为"蜡"，祭祖先为"腊"；秦汉以后统称"腊"。

(25) 汉世交州刺史每暑月辄避处高，今交土调和，越瘴独甚。(《南齐书·州郡志下》)
　　(26) 木讷少言，性方厚，每息直省，虽暑月不解衣冠。(《魏书》列传第二)

　　后代常见用例。如《左传·襄公二十一年》"重茧衣裘"孔颖达疏："暑月多衣，所以示疾。"
　　虽然"暑天"曾广见于唐代文献，但"暑"类词语今主要分布于中原官话、西南官话、江淮官话、湘语、粤语五个方言区。这有两种可能：一是"暑"本就是带有地域性的词语，今天的分布在一定程度上反映了它的地域性质；二是它原本是通语，后来发生了历时替换，只有部分方言仍在使用。
　　2)"伏"指伏日，汉代已有使用。如《史记·秦本纪》"(德公)二年，初伏。"张守节正义："六月三伏之节，起秦德公为之，故云初伏。"
　　"伏日"为三伏的总称，一年中最热的时候。如《汉书·东方朔传》："伏日，诏赐从官肉。"
　　"伏天"指夏天唐代已有用例，[①] 后代亦可见到。如：

　　(27) 是时三伏天，天气热如汤。(《竹窗》白居易)
　　(28) 伏天光景，两邻都在院中露卧，听的皮匠家中声音高低，言语诧异，早在墙头黑影里看个明白，听个仔细。(《歧路灯》第二十九回)

　　今口语中说"伏天"的多见于中原官话、西南官话、江淮官话、赣语、客话、吴语等。
　　3)"寒"指冷，但指寒冷的季节很早就有了。如《易·系辞下》："寒往则暑来，暑往则寒来，寒暑相推而成岁焉。"
　　"寒天"表冷天、冬天在中古既见用例。[②] 唐宋多有，明清亦见用例。如：

[①] 大词典首引现代作家例，太晚。
[②] 《汉语大词典》首引白居易《华城西北岁暮独游怅然成咏》"况是寒天客，楼空无主人"例，偏晚。

(29) 而人之受命,死生之期,未若草木之于寒天也,而延养之理,补救之方,非徒温暖之为浅益也。(《抱朴子·至理卷第五》)

(30) 况是寒天客,楼空无主人。(唐·白居易《华城西北岁暮独游怅然成咏》)

(31) 有甚紧事,怎般寒天冷月,随个家人行走?还要往那里去?(明·冯梦龙·《醒世恒言·李玉英狱中讼冤》)

"寒冬"表示冬季在六朝已有用例。

(32) 寒冬十二月,晨起践严霜。(旧题苏武《古诗》之四)①

4)"冷"表示寒凉很早就有。但文献所见"冷天""冷月"表示冬季是在元明时期。如:

(33) 闲时沿墙抛瓦,闷来壁上扳钉。冷天向火折窗棂,夏日拖门拦径。(《西游记》第三十六回)

(34) 小官人,你父母是何等样人?有甚紧事,怎般寒天冷月,随个家人行走?还要往那里去?(《醒世恒言》第二十七卷)

颜景常(1988)认为《西游记》韵类属淮海话(属于江淮官话但受吴语影响)。《醒世恒言》作者冯梦龙是长洲(今苏州)人,无疑也受到吴语影响。"冷天""冷季"之类今主要分布在中原官话、西南官话、江淮官话、赣语、湘语、客话、吴语区,"寒天""寒季"之类多见于中原官话、西南官话、江淮官话、客话、吴语、闽语区,北方方言均少见。

(2) 见于个别方言

时位语素"暖"和"清"今天都只在个别方言使用。"暖"类多用于吴语,"清"类用于闽语。

六朝时"暖"有"热"的用法。如:

(35) 一发之后,重酘时,还摊黍使冷——酒发极暖,重酿暖

---

① 此诗早有论证为伪作,但不晚于六朝则无疑。

黍，亦酢矣。(《齐民要术·造神麹并酒》)

明清时一些方言色彩较浓的语料中仍有使用，如明代具有吴语色彩的冯梦龙的《山歌》：

(36) 无何酒至，极暖，李取酒，便欲掩门，而男子一足已入。

文献中"暖"的热义并不常见，今方言中的"暖天"多见于吴语（晋语部分地点也说），这提示我们"暖"的热义可能一开始就具有地域性，今方言的"暖天"或为早期该地域方言的遗留。

"清"，《说文》"寒也"，《玉篇·冫部》"冷也"。我们大范围检索语料，发现"清"在唐代及唐代以前有一些用例，多出现在与"温"对言或并列的语境中。唐代以后"清"罕见用例。我们认为这是因为在唐代以后"清"退出了共同语，仅保留在部分方言中，成为一个方言词汇。① 如：

(37) 古之民，未知为衣服时，衣皮带茭，冬则不轻而温，夏则不轻而清。(《墨子·辞过》)
(38) 昔在龆龀，便蒙诱诲；每从两兄，晓夕温清。(北齐·颜之推《颜氏家训·序致第一》)
(39) 幸遂温清愿，其甘稼穑难。(《全唐诗》卷250 皇甫冉《刘侍御朝命许停官归侍》)

3. 相关问题的讨论

如果把表示季节的时位成分及词语在现代方言的分布与在历史文献中的使用情况、历代移民情况结合起来，我们有以下认识。

(1) "春、秋、夏、热、冬、腊"很早就作为时位语素使用（"热"中古时期开始），它们属于汉语最古老最基本的词语。正因为使用历史悠久，对后来形成的所有方言都有影响，后代方言的分化变迁都继承了这些

---

① 除闽方言外，属于赣方言的江西彭泽也说"清"，做形容词，指感觉冰冷。如"一个东西好清人。"（这个东西冰冷冰冷的）

最基本的时位语素,因此它们的使用范围广泛才如此广泛。

(2) 北京官话—冀鲁官话—兰银官话(春夏热秋冬腊)、中原官话—西南官话—江淮官话(春夏热暑秋冬腊冷寒)表示四季的语素各自相同,这与它们的形成历史、移民状况密切相关。

林焘先生(1987)认为北京话源于大都话。大都话是辽金两代居住在北京地区的汉人同其他少数民族经几百年密切交往逐渐形成的,到元建大都时已趋于成熟。明初从外地大量向北京移民,北京人口发生很大的变化。明代时和北京话接触最频繁的是来自中原和长江以南的各地汉语方言。但韩光辉(1996)认为北京话的真正形成并走向成熟,是在明代以后。明代北京话与周围的河北方言联系更多,清代北京话与东北方言的关系较密切,但与南方河北方言的联系也并未中断。张树铮、刘淑学(钱曾怡主编,2010:128)指出"明代的北京话与其周围的河北地区是否有差异及有什么差异还是尚待研究的问题。换言之,今冀鲁官话区包括明代的北京话主要受到中原官话的影响起码要持续到明代"。

黎新第(1987)认为兰银官话是从元代中原官话发展出来的。钱曾怡(2010:201)指出明洪武九年之后恢复宁夏人口,移民是宁夏人口构成的重要部分,但人口成分很杂。李树俨、李倩(2001)指出宁夏方言"以某种优势方言为基础……约在弘治前后(15 世纪 90 年代)形成并渐趋稳定"。① 刘俐李(1993)则认为清代的两次移民浪潮奠定了兰银官话北疆片的基础。第一次为新疆平定后来自甘肃安西、肃州、甘州、凉州的移民,第二次为光绪年间新疆建省,仍然是陕甘(主要是甘肃)的移民,"甘肃河西话是北疆片的基础方言"。

我们认为,正是北京官话—冀鲁官话—兰银官话区的移民色彩,导致该区在四季时位语素的选用上趋于采用自古以来汉语中最基本的成分"春、秋、夏、热、冬、腊"。

中原官话表四季的时位语素较为复杂,除"暖""清"外,具备所有的时位语素。这与中原地区的特殊地位是相对应的。正如王临惠、吴永焕(钱曾怡主编,2010:166)所指出的"中原地区的方言到清代中叶以前一直是汉民族共同语言——雅言的标准音……对现代汉语各大方言的形成和发展起了关键性作用。今汉语方言多是从以中原官话为中心的北方方言

---

① 转引自钱曾怡主编《汉语官话方言研究》,齐鲁书社 2010 年版,第 201 页。

中发展来的。"

中原官话、西南官话、江淮官话的四季时位语素彼此接近，它们与南方诸方言关系更为密切。这跟它们的形成历史有关，也与邻近南方方言有关。

关于江淮官话，鲁国尧（2002）认为："隋唐自北统一中国，阻断了南语、北语分裂趋势，而且使北朝通语占了上风，在江淮流域的南朝通语其平分秋色的地位则逐渐被削弱，它的血缘后裔是今江淮方言或称下江官话。"刘祥柏（钱曾怡主编，2010：290）则认为明初时明政府鉴于战争影响而人口剧减的情况，迁移了大量的周边地区的移民进来，为这一地区的方言形成南北方言过渡类型奠定了近代的基础。

关于西南官话，李蓝（钱曾怡主编，2010：237—238）认为至迟在西汉时，四川的语言文化已与中原基本相同，清末的湖广移民没有从整体上改变四川方言的原貌，但留下了众多的客话及湘语方言岛。他又指出西南官话大概先在四川成型，然后以四川为中心，逐步扩展到鄂、黔、滇、桂等省。崔荣昌（1997）认为早在600年前，官话方言就已深入四川，清朝前期湖广地区（以湖北为主）的大批移民入川，从而形成今四川西南官话的体系。游汝杰（2004）则认为巴蜀地区到宋代大致已成为北方方言的一个次方言。

与北京官话—冀鲁官话—兰银官话相比，中原官话—江淮官话—西南官话的时位成分多了"暑、冷、寒"。如前所考察，"寒、暑"虽很早就使用，但"寒天"在中古出现唐宋多见，"寒冬"在六朝已经出现；"暑月"约始见于南北朝，"暑天"自唐以来多见，"冷天""冷月"在元明时期出现。联系"冷、寒"类词语在中原官话、西南官话、江淮官话以及赣语、湘语、客话、吴语普遍存在而北方少见的事实，我们认为或许作为时位语素的"暑、寒、冷"本身就属于古代的南方通语。

吴语—客话相比，吴语有的地方用"暖天"表夏天，其余一致。历史上吴语与客话有渊源。游汝杰先生（2004：140）指出在西晋以前，今江西一带方言应与吴语、湘语有更多的共同之处。唐初有大量北方移民进入赣北部鄱阳湖平原，与当地原有方言接触形成原始北片赣语。中唐和晚唐北方移民继续南进，逐渐从赣北深入到赣中和赣南，与原始北片赣语接触后形成原始南片赣语。他们原先使用的原始南片赣语和赣东南、闽西和粤北的土著方言相接触，于宋明间形成客家方言。

（3）汉语史上曾以"春日、秋日、夏日、伏日、冬日"表示各季节，而这些词语在今方言中均不见踪影，代之以"春天、秋天、夏天、伏天、冬天"，这个替换非常彻底。我们知道"天"对"日"的替换在南北朝时期开始，如这段时期出现"春天""夏天"等，而"暑天""伏天"出现于唐代，证明汉语方言中"天"对"日"的替换在唐代的一些方言中尚在进行中。游汝杰（2004：137）指出到南宋时代汉语方言的宏观地理格局基本形成，后代变化不大。我们认为在今日方言格局形成之前，在季节类词语中"天"对"日"的替换已经完成。①

（4）鉴于多数方位词从空间用于时间是在中古以后，我们认为今天方言中"时位成分+方所"一类词语肇始于六朝，随着方所成分不断发展而丰富。"上、下、里、间、头、尾、脖子、场子"等一方面体现了方所成分的泛化，另一方面生动再现了时间表达的空间化。各方言在方所成分的选择上有较大的差异。

（5）闽语时位语素"清"构成的"清天""清天时"与其他方言中的"冷天""寒天""寒天时"构成方式毫无二致，差别在于限定成分的不同。"清"可能一开始就不是一个常用词，作为"寒""冷"的同义词，也和"寒天""冷天"一样发展出"清天"一词，但在竞争中退出了共同语（约在唐代之后），仅保留在部分方言中，成为一个方言词汇。

六 汉语方言主观时量时间词的共时分布与历时考察②

本节要点：本节主要对汉语方言主观时量时间词的共时分布与历时演变进行考察。主要结论如下：汉语方言<一会儿>及<一段时间>义主观时量词的分布具有明显的地域色彩。它们主要有四个来源：（1）从客观时量词引申为主观时量词；（2）由偏正式动词短语发展演变而来；（3）由原指延续一段时间的动作转指而来；（4）由空间距离隐喻为主观时量词。系统中的一些成员经历了消长，有的一开始就带有地域性。方言主观时量表达系统在宋元时期大体已经定型。

---

① 但是"天"对"日"的替换本身并不彻底，如甘肃、青海、内蒙古、山西、山东、湖南、江西、广西等"明日""今日""昨日"（包括"日"的语音弱化形式）都大面积分布。

② 本节主要内容曾以"汉语方言主观时量时间词的共时分布与历时考察"为题发表于《重庆师范大学学报》2016年第3期。本节调整了格式，补充了部分例句。

时量有客观、主观之分，客观时量所表示的时间有相对明确、具体的量。作为历法时间计量单位的"年、月、日/天、时、分、秒"自不必说，"早晨、上午、下午、夜、晚上"等模糊性时间词语也能作为确指时量的计量单位，"一晚上"、"两个下午"在言语交际中其所指的时量是相对具体的。有一些时间量词表示的量是相对的、不确定的，带有主观色彩。如"会儿"，《现代汉语词典》解释为：量词，指很短的一段时间。"很短"指多短？这是由主观认定的，没有确定的标准。

本节主要考察现代汉语方言中表达<一会儿>以及<一段时间>义的主观时量时间词的共时分布，并通过考察这些时间词在汉语史中的发展演变，探讨它们的来源，并由此讨论汉语方言主观时量时间词表达格局的发展。

1. 方言主观时量时间词的共时分布

考察现代汉语方言，意义为<一会儿>以及<一段时间>的时间词主要有以下这些：[①]

下[②]/一下/一下儿、下下/一下下/一下下子、下子/一下子、下下儿/一下下儿、下团、个下下、个下久、个下子、一下俚、一下积、一下仔、蜀下/蜀下仔、两下二、两下七、两下半、一先[③]、一先先、一先半先、刻儿、一刻、刻刻子、一刻儿、一刻子、一刻时、一刻呃、一刻仔、一刻刻仔、一刻刻子、蜀刻、一歇、一歇仔、一歇儿、一歇歇、一歇歇儿、歇仔久、一大歇[④]、一会、一会子、一会儿、一会儿半会儿、一会会子、一会会儿、一会半会、一大寐会[⑤]、一忽儿忽儿、阵、阵儿、阵子、阵唧、阵间仔、一阵、一阵儿、一阵子、一阵阵儿、一阵仔、一阵家子、一阵间、一阵时、一阵头、蜀阵仔、一际/一记、一几、一孖、一孖时、一时[⑥]、一时儿、一时子、一时时、一时里、一时时子、一时一刻、一时一

[①] 我们的考察主要依据《现代汉语方言大词典》、《汉语方言大词典》，还参考了《新编北京方言词典》等方言词典。

[②] 不少方言论著记做"哈""哈哈"，本节统一为"下""下下"。

[③]《崇明方言词典》认为"先"可能是"下儿"的合音。

[④] 较长一段时间，无锡。

[⑤] 较长的一段时间，兰州。

[⑥] 一时：一段时间（肯定其长）。崇明：夷来~个嘚？"一时"可表示短时间、暂时。如绩溪：我~还不出去做事。梅县。又，"一时"表示一会儿，用于任指。绩溪：尔只细鬼野得~都不歇。

霎、一时半晌、一大晌、一时半时、一时半会、一时半间、一时头浪、一时之间、霎霎、一霎霎、顶霎霎、一盼、盼子、一勃头、一息、一息息、一隙隙、个丝久、气、气儿、一大气①、辰儿、秃气；一盼子、排、一牌、一伙、一乎儿、一报、啤、驳、一驳、呛/一抢/一将/一腔/一呛、一向、一向子、一向时、一世②、一乏子、一发子、垡儿、程子、一程子、荏、趁子、一崩子、崩儿、一崩儿。③

以上主要的主观时量时间词在方言中的分布见表2-11：④

表 2-11

	北京官话	东北官话	胶辽官话	冀鲁官话	中原官话	兰银官话	西南官话	江淮官话	晋语	赣语	湘语	客话	吴语	徽语	闽语	粤语	平话
下					+	+	+	+	+	+	+	+	+	+	+		+
刻							+		+	+	+	+		+			
歇					+				+						+	+	
会	+	+	+	+	+			+									
阵₁⑤		+	+	+				+	+	+	+		+⑥	+		+	+
子/儿/记													+	+			
时⑦					+	+			+				+				
霎			+						+								

---

① 表示稍长的时间。忻州：等咾他~才出来。

② "一世"在多数方言表示一辈子，但在长沙"一世"可表示一段长时间，如：学哒~的音乐，歌都唱不好。

③ 此外，闽语区还有一批表示<一会儿>时间的特征词，如蜀久囝、蜀行囝、滴行等，这部分词语暂时不在我们的考察范围之列。

④ 殷晓杰（2010）在《近代汉语"一会儿"义词的历时演变与共时分布》中考察过"一会、一时、一歇、一响、一刻、一阵、一下"在现代汉语方言中的分布。因为我们考察的对象不限于"一X"式时量词，还包括各类表示<一会儿><一段时间、一阵>的时间词，所以考察的结果与她的结果有些不一致。

⑤ 表中"阵₁"表<一会儿>，"阵₂"表<一段时间>。

⑥ 如"一阵间"：中山南萌合水、惠州市区、深圳沙头角。"阵间仔"：东莞清溪。按，客话区多不用"阵"，疑受粤语影响。

⑦ 有时"时"与其他时量词组合，构成复合式时量词。如：一时半会（哈尔滨）、一时一霎（太原、忻州）、一时一刻（温州）、一时……一时（东莞）、一时三刻（徐州、扬州、西安、杭州、宁波）、一时半响（哈尔滨）、一时半时（徐州、乌鲁木齐、济南）、一时半间（扬州）、一时半会（银川、万荣）、一时头浪（崇明、上海）、一时之间（上海）。

续表

	北京官话	东北官话	胶辽官话	冀鲁官话	中原官话	兰银官话	西南官话	江淮官话	晋语	赣语	湘语	客话	吴语	徽语	闽语	粤语	平话
晌①		+		+				+	+								
盼			+	+	+			+②									
息/隙													+				
牌/排																+	+
伙				+③													
驳/膊④													+			+	
呛/将													+	+			
发/垡	+				+		+		+								
向					+		+	+		+		+	+				
程	+	+															
茬	+																
气			+					+									
阵₂		+	+		+		+		+							+	+
崩		+		+													
报									+								

从上表可知<一会儿>义的各类时间词的分布特点如下。

（1）"阵₁"类分布最广泛，除北京官话、湘语、客话、徽语、平话外，见于各大方言区。"会"类除赣语外，主要出现在官话区及晋语中。"下"类时间词主要分布在除北京、东北、胶辽、冀鲁官话及粤语之外的方言区。特别值得注意的是，除粤语外，"下"类时间词见于所有的南方方言。

（2）"刻"类时间词分布在江淮官话、晋语、赣语、湘语、客话、吴语、闽语，"歇"类时间词分布在西南、晋语、吴语、徽语、闽语中。相对来说"刻""歇"以南方为主。

（3）"时"类时间词主要分布在中原、兰银官话、晋语、吴语、徽

---

① 宁波有"一晌"[iɤzɤ]，表示时间短暂。考虑到吴语区很少用"晌"，故不列入本表。
② 一盼：一会儿。江苏溧水江淮官话片。
③ 部分赣语区也使用，如江西彭泽：其走哆好一伙哆（他走了好一会儿了）。
④ 广州[pɔk]，有的记作"驳"，有的记作"膊"。江西瑞金、赣州[pɔʔ]，一般记作"驳"。从其用法及语音特点看，我们认为它们可能是同一个词语。

语、客话中。如果把"一时三刻、一时半晌、一时半间"等复合式时间词语考虑进去,则东北官话、江淮官话、冀鲁官话、粤语也包含其中。

(4)"晌"类时间词见于东北官话、冀鲁官话、江淮官话、晋语。"霎"类时间词见于胶辽官话、晋语。"盼"类时间词见于胶辽官话、冀鲁官话、中原官话。"晌""霎""盼"主要集中在北方。

(5)"孑/几/记""息/隙"类是吴语特征词。鉴于吴语和徽语的关系,我们倾向于认为徽语是受到吴语的影响而使用"孑/几/记"。

<一段时间>义的各类时量时间词的分布特点如下。

(1)"排/牌"主要见于粤语区及南宁平话。"驳"主要见于客话及粤语区。

(2)"呛/枪"主要见于吴语、徽语区。

(3)"向"主要见于中原官话、江淮官话、晋语、湘语、吴语区。

(4)"程"主要见于北京、东北、中原、江淮官话区。"崩"类时量词主要见于东北官话、冀鲁官话、中原官话。"茬"类主要见于北京官话区。"伙"见于冀鲁官话区,部分赣语区也使用。"发/垡"主要见于北京官话、晋语、赣语区。这几类词语主要以官话区为主。

(5)"阵$_2$"用于表示一段时间与表示一会儿的区域大多重合,我们认为这是因为时间的模糊性造成的。主要在东北官话、胶辽官话、冀鲁官话、中原官话、西南官话、江淮官话、晋语、湘语、闽语、粤语区使用。

有以下问题值得我们探讨。

方言中这些时量时间词的来源是什么?它们共时的分布蕴含了怎样的历史信息?方言中这些主观性时量词语的分布格局是何时形成的?下面我们打算就这几个问题进行探讨。

2. 汉语方言主观时量时间词的历时考察

【下】

"一下"无疑是"下"类时量时间词的主要形式。下面我们考察"一下"的形成及发展情况。

杨吉春(2006)认为"一下"最初是主谓结构的动词词组,由动词性词组的转义先后派生出"瞬间""时短""尝试"三种意义。实际上除了杨吉春所说的主谓结构外,[①] 东汉时有偏正结构的动词性"一下"存

---

① 如:阴阳变化,一上一下,合而成章。(《吕氏春秋·大乐》)

在。如：

(1) 三里而泻，近者一下，远者三下，无间虚实，工在疾泻。（《黄帝灵枢经》）

杨吉春（2006）认为表示动作、行为量为"一次"的意义萌芽于南北朝时期。到宋辽金时期，"一下"由表示动量"一次"的意义引申出表示动作非常快的"瞬间"义。我们的考察表明，宋代"一下"已经发展出瞬时、突然之间的意思。如：

(2) 所以万物到秋冬时，各自收敛闭藏，忽然一下春来，各自发越条畅。（《朱子语类·周子之书》卷94）

杨吉春（2006）认为"时短"义是由它的"瞬间"义发展而来的。实际未必如此。"一下"的瞬间义、时短（时量）义与"一下"的句法位置有关，也与句中谓语动词的性质有关。表瞬间义"一下"出现在动词前。如：

(3) 推来推去，事事晓得，被孔子一下唤醒云："吾道一以贯之"，他便醒得。（《朱子语类·论语九》卷27）

表时量的"一下"必须在动词之后，而不能在动词前。"一下"的时短义与瞬间义的句法位置不同，因而表示时量的时间词"一下"不是由瞬间义变来的，而是直接来自动量结构"V一下"。短时量的"一下"首先出现于以下语境：

(4) 努力向前，说处行处已不错，但少喷地一下而已。若有进无退，日用二六时中应缘处不间断，则喷地一下亦不难。（宋《大慧普觉禅师语录》卷21）

当动词的动作性不强，不在于强调动作的次数，而是强调该动词持续的时间时，"一下"才能发展为表示短时量的时间词。我们赞成他明代时

"一下"已经发展出时量意义的观点。如：

（5）西门庆道："你且休慌！我还要在盖子上烧一下儿哩！"（《金瓶梅》第八回）

例中"一下"不是表示动量而是表示一会儿的时间义。

"一下子"最初也是作为动量词出现，它发展为时量时间词的句法语义环境同"一下"。如：

（6）校尉正去点时，那伏戎看得清，把顺袋提起扑直一下子，照头往那校尉打下，一惊一闪，早打了肩上。（《型世言》第二十二回）

【刻】

"刻"很早就作为计时单位。古代以漏壶计时，一昼夜分为百刻。汉哀帝建平二年分昼夜为百二十刻。梁武帝天监年间，以八刻为一辰，昼夜十二辰共得九十六刻。① 如：

（7）夜漏未尽一刻，以火发书。（《汉书·武五子传》）

由于计时工具的限制，一般人并不能准确知晓一刻的时长，因而"刻"由定指一段时间发展为指一个不确定的时量是一个自然的结果。"一刻"表短时间约始于唐代，宋代常用。如：

（8）擒虎闻语：或遇五道大神，但某请假三日，得之已否？五道大神启言将军：缘鬼神阴司无人主管，一时一刻不得。《敦煌变文·韩擒虎话本》

【歇】

《说文·欠部》："歇，息也。"段玉裁注："息者，鼻息也。息之义引

---

① 参罗竹凤主编《汉语大词典》第二册，汉语大词典出版社1994年版，第673页。

伸为休息，故歇之义引申为止歇。""歇"的停止、休息之义后代一直在用。

时量时间词"一歇"来自动词性的"一歇"。① 唐代时"一歇"还是动词性的，即"数词+动词"：

（9）亦有行舟，突然而去。人未及顾，棹未及举。瞥见阳台，不辨云雨。千里一歇，日未亭午。（岑参《招北客文》）

宋代有"歇一歇"：

（10）我上又不得，下又不得。且歇一歇了，去坐地。（《张协状元》第8出）

"停止、休息"总是占据一段时间，因而到元代"歇"发展出表短时时量的意义，相当于一会儿。如：

（11）一掬可怜情，几句临明话，小书生这歇儿难立马。（元·贯云石《清江引·惜别》）

《水浒传》中"一歇"表示"一会儿"有9例，"半歇"2例：

（12）又等了一歇，看看天色晚来，又不见一个客人过。（《水浒传》第十回）
（13）下得亭子松树根边又坐了半歇，酒越涌上来。（《水浒传》第三回）

殷晓杰（2010）指出"一歇"是清末吴语表示"一会儿"的首选词，这一情况一直延续至今。我们赞同她的意见。

【会】

"一会"开始是动词性短语，"数词+动词会"。

---

① 殷晓杰（2010）曾指出"一歇"最初是一个动词词组，义为"歇息一次"。

(14) 齐桓公存三亡国以属诸侯，义士犹曰薄德，今一会而虐二国之君，又用诸淫昏之鬼，将以求霸，不亦难乎？（《左传·僖公十九年》）

(15) 此诚千载一会之期，可不深思而熟计乎！（《三国志·吴书·胡综传》）

唐代时"一会"仍是数词加动词的动词性结构。但"一会"经常出现在时光易逝、一会难求的语境中。如：

(16) 一会不易得，馀事何足云。明旦又分手，今夕且欢忻。（白居易《赠别崔五》）

(17) 峡外相逢远，樽前一会难。（白居易《留北客》）

"会"在唐代作为动量词使用，犹如回、遍。如：

(18) 残漏五更传海月，清笳三会揭天风。（唐·曹唐《长安客舍叙邵陵旧宴》诗之一）

到宋代，"一会"发展出一会儿义的时间词用法。如：

(19) 沉吟了一会，却把这十五贯钱，一垛儿堆在刘官人脚后边。（《错斩崔宁》）

(20) 别酒醺醺容易醉。回过头来三十里。马儿只管去如飞，牵一会。坐一会。断送杀人山共水。（刘过《天仙子·初赴省别妾》）

元明时期出现"一会子"的用法，表示很短的时间。如：

(21) 我看一哥一会子老将下来，真是可惜，后生时不曾快乐得，这光阴蹉过了。（《型世言》第三十三回）

时量词"会儿"也在元明出现，之后常见。如《朴通事》9例，《型世言》3例，《西游记》1例，《水浒传》1例，《金瓶梅词话》5例，《官场现形记》6例,《歧路灯》24例。

据殷晓杰(2010)考察,"一会"在元代成为语义场的主导词,而"一会儿"在通语中完全占据优势地位,可能已是很晚的事。

据我们考察,清代"一会子"也很通行。《初刻拍案惊奇》《二刻拍案惊奇》《喻世明言》"一会子"均为1例,而《儿女英雄传》表时量"会子""一会子"共44例,《官场现形记》表时量的"会子""一会子"共20例,《歧路灯》表时量的"会子""一会子"共2例;《红楼梦》"会子"表时量83例,"这会子""那会子"252例。

徐世荣(1995)拟测了"一会儿"三个来源:(一)"会"为"忽"字音变。古代"忽"为计算长度的最小单位,"分、厘、毫、丝、忽"。(二)"会"由"候"字变来。"候"与"时"常联用。古时五天为一"候",一年七十二"候",故以"候"记较短暂的日期。(三)由"和"字变来。但他认为"候、和"等字转化不如"忽"字转化之近理。

殷晓杰(2010)认为从词义发展本身来看,时间词"一会"的源头是偏正式词组"一次集合、一次会聚",与"分离"相比时间总是短暂的,于是"一会"就渐渐产生出时间短暂的含义。"一会"由名词或动词词组凝固成一个时间词,义为"极短的时间"。

从我们对历史文献的考察看,我们赞成殷晓杰的观点,主观时量词"会"来源于状中结构的动词性短语"一会"。

【阵】

"一阵"是"阵"类时量时间词的主要形式。"一阵"("阵"亦作"陈")最早也是数词加动词的动词性词组,表示一次列阵或一次对敌。

(22)夫齐性刚,其国富,君臣骄奢而简于细民,其政宽而禄不均,一陈两心,前重后轻,故重而不坚。(《吴子·料敌》)

唐时"一阵"作为数量词使用,用在名词前,表示延续一段时间的事物、现象,这一用法后代一直沿用。如:

(23)一阵霜风杀柳条,浓烟半夜成黄叶。(唐·裴悦《闻砧》诗)

唐代时还用在动词后，表示延续一段时间的动作。如：

（24）决战一阵，蕃军大败。（《敦煌变文·张义潮变文》）

如果动词是持续性动词，那么"一阵"的表义重点是强调时间，表示一段时间。唐代已有用例，后代沿用。如：

（25）一阵东风拂松响，恰如蓬底雨来时。（唐·詹敦仁《题舫斋》）

（26）昨夜雨霏霏，临明寒一阵。（宋·毛文锡《醉花间》词）

明清常见，仅《儒林外史》就有6例"一阵"表示一段时间、一会儿。如：

（27）严贡生把脸红了一阵，又彼此劝了几杯酒。（《儒林外史》第六回）

【时】

"时"很早就作为计时单位，即一昼夜的十二分之一。"一时"早在先秦时期就有暂时、短时间内、一会儿的意思。① 如：

（28）其累百年之欲，易一时之嫌，然且为之，不明其数也。（《荀子·正名》）

（29）明明云间月，灼灼叶中花，岂无一时好，不久当如何？（陶潜《拟古诗》）

这些用法后代一直在使用。例如在《初刻拍案惊奇》中"一时"116例，其中多数表示短时间内、暂时的意思。

【霎】

"一霎"在唐代用于表示延续一段时间的事物、现象，与"一阵"的

---

① 按殷晓杰认为晚唐五代时表示"一会儿"义的"一时"产生，恐不确。

用法相似。如：

（30）昨夜一霎雨，天意苏羣物。（孟郊《春后雨》）

宋代时"一霎""一霎间""一霎时""一霎时间"表示顷刻之间、一下子。如：

（31）如今安在，唯有阑干，伴人一霎。（姜夔《庆宫春》）
（32）看见那五个男女闻那香，一霎间都摆翻了。（《宋四公大闹禁魂张》）
（33）千古光阴一霎时，且进杯中物。（辛弃疾《卜算子·饮酒败德》）

宋代出现"一霎儿"，表示一会儿。元明沿用。如：

（34）一霎儿晴，一霎儿雨，正是催花时候。（易祓《喜迁莺·春感》）

宋代时"一霎"使用较为活跃。据殷晓杰考察，就"一会儿"这个语义场而言，元明清时期最为突出的表现就是"一霎"衰退，"一会"崛起。

【晌】

王凤阳（1993：4）认为"晌"源于"饷"，送食物予人称"饷"，古人农忙季节在午间有饷田，故把午时称为"饷"，作为时间词，"饷"字被写作"晌"。

按，《敦煌变文集·王昭君变文》："若道一时一饷，犹可安排；岁久月深，如何可度。"蒋礼鸿《敦煌变文字义通释》："一饷，就是吃一餐饭的时间。"可见时间词"一饷/一晌"也是来自偏正式动词结构。

唐代"一饷"已用于表示片刻。如：

（35）无如饮此销愁物，一饷愁消直万金。（白居易《对酒》诗）

殷晓杰（2010）认为唐宋时期"一晌"是表示"一会儿"义的常用词，全唐诗 14 见。我们的考察表明"一晌"在明清时期仍有一定的使用。《二刻拍案惊奇》5 例，《喻世明言》4 例，《歧路灯》3 例。如：

（36）纪老三呆了一晌道："没事唤我怎的？我须不曾犯事！"（《二刻拍案惊奇》卷四）

这说明"一晌"之类的词语在一些方言区中自唐以来一直在使用。

【盼】

"盼"义为顾盼、看视。"一盼"也是作为动词性结构出现，未见时量词用例。如：

（37）当似是似非之前，吾与点也；於一顾一盼之际，默而识之。（谢观《误笔成蝇赋》）

"一"与人体动作组合，常表达瞬时时间，如"一眨眼"等。方言中"一盼"表示一会儿也应类似于此。

【息】

"息"指呼吸，一呼一吸谓之一息。如《汉书·苏武传》："武气绝，半日复息。"一呼一吸乃瞬间之事，又引申出短暂、迅速之义。如：

（38）将军无失时，时间不容息。（《史记·张耳陈馀列传》）

"一息"也是数词加动词的动词性结构，指一呼一吸。由此喻指极短的时间。这一用法在汉代就有用例。如：

（39）追奔电，逐遗风，周流八极，万里一息。（王褒《圣主得贤臣颂》）

此后用例并不太多。如：

（40）百年迅于分嘘兮，千岁疾于一息。（陆云《岁暮赋》）

清代《俗话倾谈》有 5 例,然而《老残游记》仅见 1 例。如:

(41) 一息间,吩咐赵友曰:"你坐住,我要去淋菜。"(《俗话倾谈·骨肉试真情》)

值得注意的是,《歧路灯》《官场现形记》《红楼梦》均无用例。而《俗话倾谈》作者邵彬儒是广东四会人,今属粤语区;《老残游记》作者刘鹗为江苏丹徒人,今属江淮官话。

【发】

"发"本义为发射,后引申出发生、产生、开启、发动、疾病发作等义。"一发"开始时也就是"数+动"结构。如:

(42) 夫射柳叶者,百发百中,而不已善息,少焉气力倦,弓拨矢钩,一发不中,前功尽矣。(《战国策·西周》)

(43) 病初发,岁一发,不治月一发,不治,月四五发,名曰癫病。(《素问·长刺节论篇》)

南北朝时期"发"有做动量词,义为起、次,用于反复出现的事情。

(44) 鲜卑寇边,自春以来,三十余发。(《后汉书·鲜卑传》)

元代时"一发"可表示一段时间。如:

(45) 孩儿,我且不吃,一发等你吃了这钟,凑个三杯,可不好那?(武汉臣《包待制智赚生金阁》第三折)

(46) (净云)这等一发教他好了来。(张千云)好了又要你看甚么?(吴昌龄《张天师断风花雪月》第二折)

然而在明清的文献中罕见"一发"表示一段时间、一会儿的时量用法。

【向】

"一向"表示短暂或一段时间时量的来历尚不清楚。王虎(2014)认为"向"是"饷"的通假字。先秦时"一向"为状中结构,如《孙子兵法·九地第十一》"故为兵之事,在顺详敌之意,并敌一向,千里杀将,是谓巧能成事",南北朝"一向"表示一个方向,如《齐民要术·种红蓝花、栀子第五十二》"接去清水,贮出淳汁,著大盆中,以杖一向搅——勿左右回转"。这些"一向"都看不出跟时间的联系。

唐代时"一向"出现表示霎时、片刻的用法。如:

(47) 目连一向至天庭,耳里唯闻鼓乐声。(《敦煌变文集·大目干连冥间救母变文》)

又指已过去的一段时间。如:

(48) 一向石门里,任君春草深。(王维《燕子龛禅师》)
(49) 未知安否?一向无消息。(秦观《促拍满路花》)

元明时期出现"这向"表示这一段时间。如:

(50) 我们走了这向,好人也不曾遇着一个,斋僧的从何而来!(《西游记》第二七回)
(51) 这向圣上坐的朝早,宁只早去些,在朝房里等会儿不差。(《醒世姻缘传》第八三回)

现代方言中"一向""一向时"等表示一段时间。

【程】

"程"在汉代指以驿站邮亭或其他停顿止宿地点为起讫的行程段落,此义后代一直沿用。如:

(52) 苍到国后,病水气喘逆,上遣太医丞相视之,小黄门侍疾,置驿马传起居,以千里为程。(《东观汉记·东平宪王苍传》)
(53) 风光四百里,车马十三程。(白居易《从陕至东京》)

宋代时"程"引申指一段不大的距离,后代沿用。如:

(54) 小娘子道:"告哥哥则个,奴家爹娘也在褚家左侧,若得哥哥带挈奴家同走一程,可知是好?"(《错斩崔宁》)

时间概念常常由空间概念表达。元明时期"程"发展出一段时间的意思。"程"表示空间距离与时间量的用法常并存。如:

(55) 妻子团圆过一程,再不去离乡背井。(汪元亨《归田》)
(56) 若是此时说话的在旁边一把把那将军扯了开来,让他每讲一程话,叙一程阔,岂不是凑趣的事。(《二刻拍案惊奇》卷六)

《儿女英雄传》"一程"用于表示一段时间 4 例;《歧路灯》0 例;《红楼梦》3 例。

【气】

"气"有"节气"的意思。"一气"指一个节气。如:

(57) 五日谓之候,三候谓之气,六气谓之时。(《素问·六节藏象论》)
(58) 各分赤道黄道为二十四气,一气相去十五度十六分之七,每一气者,黄道进退一度焉。(张衡《浑仪》)

宋代以后"一气"产生连续、一口气的用法。如:

(59) 一气走五百里。更不回头。(宋·语录《嘉兴府报恩光孝禅寺语录》)
(60) 他偏去把那云板敲,今日串这和尚的房,那日那和尚的房。藏得些私房酒儿都拿将出来,一气饮干无滴。(《型世言》第三十四回)

"连续、一口气"已经包含短暂的时间义。元明时期"气"又用作动量词,犹如一阵子、一下子等。这一用法也蕴含时间因素。如:

(61) 小僧一气走到二百里,拾了一个性命。(《元曲选·张生煮

海》三折)

(62) 那罗刹渴极，接过茶，两三气都喝了。(《西游记》五九回)①

(63) 二哥忒没修养，这气饱饫，如何睡觉？(《西游记》第九四回)

但我们未能找到"气"或"一气"明确表示时量的用法。

【伙】

我们在历代文献中没有找到"伙"(夥) 表示时量的用法，方言中记做"伙"的时量词与汉语史上的"和"可能有关，二者都是匣母，今音韵母也接近。

"一和"表一会儿，在宋元明均见用例。如：

(64) 副靖传语木大，鼓儿里，且打一和。(黄庭坚《鼓笛令》)

(65) 睡朦胧无多一和，半霎儿改变了山河。(马致远《黄粱梦》第四折)

(66) 沉吟一和，怎离双亲膝下。(明·高明《琵琶记》第二折)

方言中"子/几/记""茌""牌""驳""呛/枪""崩""报"类的时量用法，在历代语料中未能找到相关用例。

从以上 15 类主观时量时间词来看，主观时量时间词主要有四个来源。

(一) 从客观时量词引申为主观时量词。时间单位词"时""刻""气"本来具有客观时量，然而由于时间的模糊性，它们也用于表达说话者主观感受的时间，从而具有了主观时量的意义。

(二) 由偏正式动词短语发展演变而来。"下、歇、会、盼、息、发、响"本来都是具有短时特征的动词，数词"一"与之组合，强调了这一偏正式动词短语的主观短时，由对动作行为的陈述，转指为完成这些动作

---

① 以上两例参白维国主编，江蓝生、汪维辉副主编《近代汉语词典》，中华书局 2015 年版，第 1623 页。

行为所需的时间，因而成为主观时量时间词。

（三）"霎""阵"类由延续一段时间的动作分化为主观时量词。这种分化出现于当动词是持续性动词的语境中，"一阵""一霎"的表义重点转向时间。

（四）"程"类由指空间距离而喻指时间距离，成为时间量词。以空间表示时间，是人类认知的共性。

3. 相关问题的讨论

从现代汉语方言主观时量时间词的共时分布及其历时考察看，以下几方面值得我们关注。

（1）在现代方言中，上古中古时期大量的表示一会儿、一段时间义的时间词绝大多数不见踪影。其中只有"一时""一息"是从上古沿用下来的，其余主观性时量时间词都产生于近代汉语时期。

（2）如上所考察，"阵""会"主要分布在官话区，而二者都产生于宋代；"下"主要分布在中部以及南方地带（中原官话、兰银官话、西南官话、江淮官话、晋语、赣语、湘语、客话、吴语、徽语、闽语、平话）。

（3）殷晓杰（2010）认为明清时期"一会儿"在势力扩张的同时，遇到了"一时"的强势竞争。现代方言"时"类时量词在东北官话、江淮官话、冀鲁官话、粤语中只在"一时三刻、一时半响、一时半间"等复合式习语中使用，而一般并不使用，说明"时"类时量词语的消退。

（4）"霎、伙、盼、程、响、气、发"等类主观时量时间词在南方罕见踪影，应该是他们一开始就属于北方方言词，因为产生时间较晚，故而没能对南方方言产生影响。

（5）殷晓杰指出"一歇"产生后，除在《水浒传》《金瓶梅词话》《醒世姻缘传》等少数作品中有所反映外，其他文献中少用，直至清末吴语小说《海上花列传》中才有大量用例。今"歇"类时量词分布在西南官话、晋语、吴语、徽语、闽语中，显示出"歇"类时量词自产生之初就带有一定的地域性。

（6）游汝杰（2004：137）先生指出，到了南宋时代汉语方言的宏观地理格局基本形成，后代变化不大，即北方有北方话，江浙有吴语，江西有赣语，福建有闽语，湖南有湘语，广东有粤语，广西有平话的前身，客话则主要散处闽西、赣南和粤北。从方言主观时量时间词的共时分布及历史考察看，现代方言中"一会儿""一段时间"这个主观性时量表达系统在宋元明时期形成。

七　汉语方言时点标志词的共时分布与历时发展考察

本节要点：本节主要考察汉语方言时点标记词的共时分布与历时发展。认为汉语方言时点标志词可以分为"辰X"类、"时X"类、"早晚/咱"类、"会子/会儿"、其他五大类。其中最核心的是"辰X"类和"时X"类。"辰X"类、"时X"类中有的X本身原来有时间义，有的X没有时间义（或许原来也有实义，但随着语义和语音变化，人们不知道原本意义，可能带有词缀性质）。前者可以看作同义并用的复合式合成词，后者可以看作附加式合成词。

何亮（2007：72—73）在李向农（1997）"时间构件"、杜翔（2002）"时间标志词"概念的基础上，提出了时点标志词的概念。李向农所指的时间构件包括表示时间的普通名词、方位词等，如"时期、前、后、以来、从……到……"杜翔把古汉语中的"时、顷、间、际、次、处、会"等称为"时间标志词"。何亮（2007：73）所指的"时点标志词"有以下特点。

1. 在句法位置上，时点标志词处于别的词或短语的后面，与这些词和短语构成名词性偏正结构。在语法意义上，所构成的名词性偏正结构表示时点意义。

2. 在组合关系上，时点标志词本身不能出现在由习惯基准构成的历法时间流或时间序列中，不能作为构成时段的时间单位，不能出现在"数词+X"的组合中。

3. 在语法属性上，它们属于名词，但意义相对比较虚。①

本节采用何亮（2007）上述标准观点，并且进一步限定为用在其他NP或VP成分后构成偏正短语，表示"……的时候"。②

---

① 以上参何亮《中古汉语时点时段表达研究》，巴蜀书社2007年版，第72—73页。
② 有的只能与特定词语（如指示代词、疑问代词）组合，不能用在VP之后充当时点标记，本表也一并列出。

1. 汉语方言主要时点标志词概况

按照以上标准考察现代汉语方言，分布较广，影响较大的时点标志词主要有以下这些：

辰光、辰候，时节、时候，时间、时刻、时会、时际、时晚儿、时夫、时仔、时务、时头、时阵、时经、时顺、时悾、时紧、时家、时船、时竣、会子、霎（煞）、咱（喒、偺）/昝、能界、晚、节骨眼、前儿、点声、份期、份崽、多番、功夫、伐等。见表 2-12：

表 2-12

标志词	分布地点
辰光	上海、崇明、松江、苏州、无锡、常州、丹阳、杭州、宁波、安徽广德、宁国、当涂
辰候	福州 [sɛiŋ⁵³ hau²⁴²]、福安、福鼎、古田 [seiŋ²¹ hau³²⁴]、宁德
时节	温州 [zๅ tɕi]、金华、淄川、兰州、敦煌
时候①	邯郸、平山、张家口、阳原、大同、忻州、离石、长治、临河、呼和浩特、赤峰、二连浩特、海拉尔、赤峰、齐齐哈尔、哈尔滨、佳木斯、白城、长春、通化、沈阳、丹东、锦州、诸城、商丘、原阳、郑州、灵宝、信阳、白河、汉中、西安、宝鸡、绥德、银川、天水、敦煌、西宁、哈密、西昌、成都、南充、达县、汉源、自贡、重庆、大理、昆明、贵阳、黎平、柳州、桂林、吉首、常德、宜昌、襄樊、武汉、安庆、芜湖、歙县、徐州、连云港、扬州、南京、南通、济南、西宁、万荣、绩溪、丹阳 也叫"辰光"、广州、建瓯、萍乡
时候ㄦ	北京、洛阳
时间	铅山②、宝鸡
时刻	南昌③
时会儿	北京 [ʂʅ³⁵ xuər⁰]、辽宁大连 [ʂʅ³¹ xuər⁰]、山东荣成、河北张家口、河南济源
时会④	萍乡 [ʂʅ fi]
时际	娄底 [dʐʅ tsi] = "时界（唧）" [dʐʅ ka (·tsi)]
时晚儿	牟平 [sʅ⁵⁴ uɑr²¹³]
时头	福建仙游 [ɬi²⁴⁻³² lau²⁴]

---

① 萍乡 = "时会 2"。
② 胡松柏、林芝雅：《铅山方言研究》，中国社会科学出版社 2008 年版，第 376 页。"正吃个时间，派唠一个人去跟蒋仕铨话。"
③ 时间里的某一点。个~还冒来，真急死人。
④ 此义项也说"时仔、时候"。"时会"和"时候"不受指示代词和数词"几"修饰。特例：几时会仔啊，还在个里打牌！

续表

标志词	分布地点
时仔①	萍乡 [ʂʅ tsi]
时夫②	湖北红安 [ʂʅ·fu]
时务	云南楚雄 [ʂʅ^{42} u^{213}]
时经	湖南耒阳 [sʅ^{35} ȶie^{0}]③、江西彭泽
时顺	福建东山 [si^{33} tsun^{33}]
时恂	广东潮州 [si$^{55-213}$ tsuŋ$^{55-21}$]
时紧	金华岩下 [zʅ$^{11-33}$ ȶiei^{534}]
时家	湖南双峰 [dzʅ^{13} ka^{55}]。也作"时基"：湖南双峰 [dzʅ^{13} tɕi^{55}]
时阵	福建永春 [si$^{24-22}$ tsun^{22}]④、厦门、台湾
时船⑤	广东揭阳 [si$^{55-11}$ ts'uŋ$^{55-11}$]
时竣	福建厦门 [si^{24} tsun^{0}]
时紧头⑥	浙江金华岩下 [zʅ$^{11-33}$ ȶiei$^{534-52}$ dəɯ^{11}]
早晚⑦//咱/咱儿⑧	北京、合肥、南京、镇江、陕西澄城//北京、天津、承德、沧州、平山、临河、黑河、齐齐哈尔、哈尔滨、沈阳、丹东、锦州、大连、青岛、利津、济南、济宁、商丘、林县、原阳、西宁、芜湖、南京
顿了⑨	山西榆次 [tuŋ^{35} lɔ^{53}]
紧光	浙江嵊州崇仁
能界⑩	浙江温州 [ʔnaŋ$^{323-21}$ ka^{42}]
着	万荣⑪

---

① 同"时会"，但更口语化，可受指示代词和数词"几"的修饰。他几~来？
② 他读小学的~，还有得汽车。
③ 你什么~来的？
④ 汝啥乜~来？你什么时候来？
⑤ 少壮不努力，老个~硬想往。老的时候一定后悔。
⑥ 时间；时候（语气比较随便）。
⑦ 如"这早晚儿"：北京，一清早就出去了，~还不回来。"那咱子"：那时候。安徽合肥。南京。"这咱晚"：这时候。江苏镇江。"镇早晚"：陕西澄城。
⑧ 如表示"什么时候"义的"多咱""多咱子""多咱儿"等。
⑨ ……的时候。去北京~坐快车。
⑩ 时候：几~什么时候/厥~这时候。
⑪ 用在动词形容词后面，意思相当于北京话的"……时候"（说话时这一时点或时段已经过去）。我走~戏还没完哩。

续表

标志词	分布地点
霎①	山东淄川、博山、淄博、桓台、临朐、寿光、安丘、山西襄垣
会子	安徽枞阳、贵池、东至、太湖、岳西、安庆、江西彭泽
会儿	北京、保定、石家庄、平山、张家口、阳原、大同、忻州、离石、太原、临汾、集宁、赤峰、二连浩特、哈尔滨、丹东、锦州、烟台、青岛、商丘、原阳、白河、绥德、银川、西宁、哈密、徐州、沈阳、乌鲁木齐
前儿②	东北、天津、唐山
前子	湖南衡阳 [tɕien¹¹ tɕi³³⁻⁰]
份崽	浙江常山 [vʌ̃²⁴ tsE⁵³]

如果结合汉语史，从这些时点标志词的主要构词语素来考虑，可以分为"辰X"类、"时X"类、"会子"类、"早晚/咱"类、其他类等。其中最核心的是"辰X"类和"时X"类。

2. "辰X"类时点标记词的共时分布与历时发展

【辰光】

现代汉语方言中时点标记词"辰光"主要分布在吴语区。例如：

(1) 第个辰光，天忽然落起雪来哉/谅必第歇辰光有三点钟哉。（上海 [zən²³⁻²² kuɑ⁵³⁻⁴⁴]）

《说文·辰部》："辰，震也。三月阳气动。雷电振。民农时也。物皆生。……辰，房星，天时也。"段注："房星晨正，为农事所瞻仰，故曰天时。引申之，凡时皆曰辰。"

"辰"用来表示地支的第五位，用以纪日。如：

(2) 根须辰日劚，笋要上番成。（宋·黄庭坚《和师厚栽竹》）

"辰"用来表示地支的第五位，用以纪时，为十二时辰之一。如：

---

① 例如：先霎、那霎、这霎、这霎儿里、哪霎、那霎。
② 时候，多数用在"这""那""啥""什么"等代词之后。

(3) 辰时为弟，巳时为兄，则弟乃先兄一时矣。(宋·洪迈《容斋续笔·双生子》)

"辰"又用为十二地支的通称。如：

(4) 十有二辰之号。(《周礼·秋官·萚蔟氏》，郑玄注："辰谓从子至亥。")
(5) 十二支谓之十二辰。(宋·沈括《梦溪笔谈·象数一》)①

因此"辰"很容易引申为时点标志词。"辰"早在汉初就引申表示日子，时光。如：

(6) 吉月令辰，乃申尔服。(《仪礼·士冠礼》)
(7) 辰乎辰，曷来之迟去之速也。(汉·扬雄《法言·问明》)
(8) 辰倏忽其不再。(《汉书·叙传上》，颜师古注："辰，时也。")

此后一直沿用，如："上巳信佳辰，流觞传旧俗。"(宋·贺铸《上巳后一日登快哉亭》诗)

应钟《甬言稽诂·释天》："俗称时曰辰光。日月星辰转移而时刻生焉，光又引申为时义。"但是我们大范围语料检索的结果，"辰光"作为时点标志词，用在其他 NP 或 VP 后表示"……时候"，是在清代，而且作品都带有明显的方言色彩。如：

(9) 我要用着洋钱个辰光，就要仔耐一千八百，也算勿得啥多；我用勿着，就一厘一毫也匆来搭耐要。(《海上花列传》第八回)
(10) 王老爷先起头做倪先生辰光，还有好几户老客人哚。(《海上花列传》第十回)
(11) 今早奴进城格辰光，倒说有两三起拦舆喊冤格呀！(《二十年目睹之怪现状》第九一回)

---

① 以上参罗竹风主编《汉语大词典》第六卷，汉语大词典出版社 1994 年版，第 3606 页。

《海上花列传》作者韩邦庆,松江人,小说的主要内容是写清末中国上海十里洋场的社会生活。《二十年目睹之怪现状》作者吴趼人18岁来到上海并长期居住在上海。结合今日方言的使用情况,可见"辰光"是一个吴语特征词。

【辰候】

方言中时点标记词"辰候"主要在闽语区使用。

由于各地方言历史文献的缺乏,我们并没有找到"辰候"作时点标记词的用法。但是"候"在古代用作计时的单位,五天为一候。如:

(12)岐伯曰:"五日谓之候,三候谓之气,六气谓之时,四时谓之岁。"(《素问·六气藏象论》)

引申为节候、时令。如:

(13)言节候,则披文而见时。(南朝·梁·刘勰《文心雕龙·辨骚》)

(14)北陆候才变,南枝花已开。(唐·韩偓《早玩雪梅有怀亲属》诗)

早在宋代"候"就表示时候,此后均见用例。如:

(15)弄晴台馆收烟候,时有燕泥香坠。(宋·刘镇《水龙吟·丙戌清明和章质夫韵》)

(16)斜阳候,吟登舵楼,灯火望扬州。(元·汤式《满庭芳·京口感怀曲》)①

李如龙指出,"六朝时汉人入闽除闽北外,是以福州、泉州为中心的,数百年间吴楚人、中原人及原来土著经过融合奠定了早期闽语的最初基础。……初唐和唐末又有两批中州人由于征战移居闽中……经过唐五代

---

① 以上参罗竹凤主编《汉语大词典》第一卷,汉语大词典出版社1994年版,第178页。

的300年的发展，闽语已经定型。"①

笔者倾向于认为，"辰候"是时间词"辰"与"候"同义连用而产生，但为什么闽语选择"辰"与"候"组合，是不同时代同义词的叠加，还是不同族群的混用，其具体过程不得而知。

3. "时X"类时点标记词的共时分布与历时发展

"时X"类时点标记词成员很多，分布最广。根据"时X"中X的性质，大体上可以分为两大类。一类是X本身原来有时间义，一类是X没有时间义（或许原来也有实义，但随着语义和语音变化，人们不知道原本意义，可能带有词缀性质）。前者可以看作同义并用的复合式合成词，后者可以看作附加式合成词。

1）复合式"时X"

复合式"时X"主要有时节、时候、时刻、时会、时际、时晚儿等。

【时节】

"时节"作为时点标志词，主要在吴语、冀鲁官话等方言区使用。

"时节"原指四时的节日，或指节令、季节。如：

(17) 敬祭之术，时节为务。（《吕氏春秋·尊师》，高诱注："四时之节。"）

(18) 故能饰大义，审时节，上以礼神明，下以义辅佐者，明君之道。（《管子·君臣下》）②

"时节"由节令、节日泛指时光。如：

(19) 岁月不居，时节如流，五十之年，忽焉已至。（《三国志·吴书·宗室传》注引《会稽典录》）

何亮（2007：77—78）讨论过时点标记词"时节"的发展。但他所举的"时节"表示时点的"……时候"的一个用例有误。如：

---

① 参侯精一主编《现代汉语方言概论》，上海教育出版社2002年版，第208页。
② 以上参罗竹凤主编《汉语大词典》第五卷，汉语大词典出版社1994年版，第703页。

（20）朔望时节，席地香火、盘水、酒脯、干饭、槟榔便足。（《南齐书·豫章文献王传》）

此例中的"时节"还应该指四时节日。何亮（2007：77）认为该例中与"时节"结合的是时间名词，未见非时间名词或动词，因此还难以说"时节"已经成为时点标志词。只有当"时节"前面的成分是非时间名词或动词性结构时，"时节"的时点标志用法才成熟。这一用法在唐代已经出现并趋于成熟。这一观察是准确的。唐代的一些用例如：

（21）既不得归，故自伤我之生也不得时节，正逢天之厚怒，使我从西而往于东，无所安定而居处。（唐·孔颖达疏《诗经·大雅·桑柔》）[1]

（22）凡寺恒例：若有施主拟明朝煮粥供僧时节，即暮时交人巡报："明朝有粥。"（《入唐求法巡礼记》卷一）

（23）玉漏相传，二更四点，临入三更，看看则是斫营时节。（《敦煌变文·汉将王陵变》）

此后宋元明清均能见到用例。例如：

（24）那时节无可做，只得恐惧。（《朱子语类》卷六九）

（25）当时齐王于苏代庄后仓里藏着。石丙搜寻不见，当问小二哥哥。小二哥哥言道："我不识他。只见你每来时节，有一人从后门去了。"（元·佚名《七国春秋平话》）

（26）帘外西风飘落叶，扑簌簌落满阶砌。晚景消疏，秋声呜咽，又是断肠时节。（元·马致远【双调】《夜行船》）

（27）刀，刀，不知何时是你建功的时节，是我吐气的时节，我定要拿住此贼，碎砍他头颅，方使我父亲瞑目泉下。（明·陆人龙《型世言》第二回）

（28）他母亲养他的时节，做了一个梦。（清·曹雪芹《红楼梦》

---

[1] 参白维国主编，江蓝生、汪维辉副主编《近代汉语词典》，中华书局2015年版，第1944页。

一九回)

可见,"时节"作为时点标记词,早在唐代就已经进入了汉语书面语行列,在今天的书面语中仍可见到踪影,但在方言中主要在吴语区使用了。

【时候】

从上表看,时点标记词"时候"遍布各大官话区。不仅是在北方官话区的时点标记词,也是普通话的时点标记词,在晋语、徽语、吴语、粤语、闽语、赣语中也作为时点标记词使用。

杜翔(2002)指出:"大概从南宋开始,一直占主导地位的时间标志词'时'开始出现双音节形式'时候''时节'。'时节'在元代的文献中常见,但在此后的文献中淘汰,'时候'则推行了开来,现代汉语时间标志词的用法最终形成。"如同对"时节"作为时点标记词的判断一样,显然他对"时候"作为时点标记词的判断也偏晚。

"时候"早在汉代就连用,表示季节、节候。此后在书面语中作为文言词一直沿用。如:

(29)冬,公如齐纳币。(《公羊传·庄公二十二年》,汉·何休注:"凡婚礼皆用雁,取其知时候。")

(30)九月衣衫,二月衣袍,与时候不相称。(唐·赵璘《因话录·官》)

(31)吾闻黄帝探五行之精……所以定岁月,推时候,以示民用也。(明·宋濂《禄命辨》)[①]

早在唐代时"时候"就可以指时间的某一点。如:

(32)臣往在宣州,曾卒得痫疾,三日三夜,都不知人。自此以来,发无时候,或轻或重,或疾或迟。(唐·李舟《为崔大夫陈情表》)

但我们没有找到唐代"时候"用在 VP 有表示时点标记的用例。北宋有"时候"作为时点标记词的用例。如:

[①] 以上例句参《汉语大词典》第 5 册,第 700 页。

（33）为君沉醉又何妨，只怕酒醒时候，断人肠。（宋·秦观《虞美人》）

《朱子语类》中已经有相当多的时点标志词用法。如：

（34）如前途等待一人，未来时且须耐心等待，将来自有来时候。（《朱子语类》卷十一）

（35）恐当从林少颖解："寅宾出日"，是推测日出时候；"寅饯纳日"，是推测日入时候，如土圭之法是也。（《朱子语类》卷七十八）

【时刻】
"时刻"作为时点标志词在赣方言的部分地区使用。
"时刻"在南北朝时期表示时辰、时间。如：

（36）子恪奔归，二更达建阳门刺启。时刻已至，而帝眠不起，中书舍人沈徽孚与帝所亲左右单景隽共谋少留其事。（《南齐书·武十七王》列传第二十一）

（37）每旦入朝太后，未尝失时刻。（《宋书·后妃传·孝懿萧皇后》）

（38）诸比丘若如来自知涅盘时刻到，众又清静，信解坚固，了达空法，深入禅定。便集诸菩萨及声闻众，为说是经。（姚秦三藏法师鸠摩罗什译《妙法莲华经·化城喻品第七》）

然而我们只在明代看到一些"时刻"用作时点标志词的用例。如：

（39）便叫人去淮南迎了丧柩归来，重复开棺，一同母尸，各加洗涤，换了衣服，两尸同卧在一榻之上，等天明时刻了，下了棺，同去安葬。（明·凌濛初《二刻拍案惊奇》卷之六）

【时会】
"时会儿"显然是北方官话中的一个时点标志词。在北京官话、胶辽官话、晋语等地区使用。

从"会"能够充当时点标志词来看（详见下文），笔者认为方言中出现的时点标志词"时会"从内部构成看属于同意并列的复合词。但是据笔者检索，直到晚清才见到文献中有"时会"的用例。如：

（40）此非后生者之具有特别聪明也，老人不幸未生于此时会也。（清·吴趼人《杂说》）

【时际】

从目前所见的资料看，时点标记词"时际"主要在湘语的部分地区使用。从"际"的历史发展看，笔者倾向于把"时际"看作并列式复合词。

何亮（2007：74—76）讨论过时点标记词"际"的发展演变。列其要点如下：

《说文解字·阜部》："际，壁会也。""际"原指两墙相接处。意义泛化后，可后附于其他名词性成分，表示方位，如"云际、溪际、菰际、江际、水际"等。意义进一步引申，可用于表示时间方位，表示某个时点。西汉时"际"只用于具有内在时间性的名词之后，例如帝号、历史人物、朝代名之后，东汉时已有"VP+之际"用例，但较为少见。如：

（41）故成康之际，天下安宁，刑错四十余年不用。（《史记·周本纪》）

（42）观庆父及叔牙闵公之际，何其乱也？（《史记·鲁周公世家》）

（43）处废置之际，临大节而不可夺，遂匡国家，安社稷。（《汉书·霍光传》）

到中古，"际"的组合范围扩大，"VP+之际"表时应该是汉魏以来的新兴用法。如：

（44）魏公子无忌曾在室中读书之际，有一鸠飞入案下，鹞逐而杀之。（《古小说钩沉·列异传》）

（45）往者丞相亡没之际，吾若举军以就魏氏，处世宁当落度如此邪！（《三国志·蜀书·杨仪传》）

（46）晦为领军，以为司马，废立之际，与之参谋。（《宋书·颜师伯传》）

据杜翔（2002），晚唐五代以后，"际"作为时间标志词已不很常用，使用范围已与现代汉语书面语相同。①

经过大范围检索，在近现代之前的语料库中笔者没有发现时点标记词"时际"的用例，直到20世纪初才有少量用例。以下是在近现代语料库中《新青年》及老舍作品中的部分用例。如：

（47）要晓得这些人不但在战后发出这样宣言，就在战时，就在那样发狂热的时际，他们也曾不失本色，不辞劳瘁，不避艰难，不畏强御的，为精神，为真理，为人类全体，很出过力。（张崧年译《精神独立宣言》，《新青年》第七卷一号）

（48）十四岁的时候得到巴黎一个学校学画。他的从事雕刻便在这个时际定的，纯是出于偶然。（张崧年《罗丹》，《新青年》第七卷二号）

（49）一来是，他们觉得家中有个官，在这乱闹东洋鬼子的时际，是可以仗胆子的。（老舍《四世同堂》）

（50）他从来没想象过，他可以在天下大乱的时际去走几步小道儿，走到金山里去。（老舍《四世同堂》）

【时间】

属于赣语鹰弋片的江西铅山有时点标志词"时间"。作为时点标志词的"时间"是近代汉语出现的。

何亮（2007：191—192）指出中古汉语开始出现"数/少时间"的用法，表示较长或较短的一段时间。如：

（51）王第一夫人，名须梨波罗满，经数时间，便觉有娠。（《贤

---

① 以上参何亮《中古汉语时点时段表达研究》，巴蜀书社2007年版，第74—76页。

愚经·降六师品》)

(52) 奉其母教，而作沙门。经少时间，读诵三藏，综练义理。(《贤愚经·迦毗梨百头品》)

何亮（2007：192）认为这些结构应理解为"数/少时+间"。后来更常见的"一时间"也当作此解。近代汉语中"时间"连用表示短时间、片刻。如：

(53) 浊水休教饮，多饶毛色焦。时间虽不觉，日内不生膘。(唐·徐成《王良百一歌·杂忌》)

所谓时间的片刻，本是个主观概念，如果把一个时间段看作一个宏观时点，那么"时间"也就有了时点标记的用法，这样的用法唐代已有，但据笔者检索，似乎出现在义静译经中。如：

(54) 整理僧徒，呵责我等。遂生不忍。后于异时，至食时间，大众欲食，遂即同心，放火烧寺，乃至烧尽。(《根本说一切有部毗奈耶出家事》卷第四)

(55) 顶生王子，与诸童子，游戏时间，经六天帝释报尽命过，后为太子，复经六个天帝命过。(《根本说一切有部毗奈耶药事》卷第十二)

元代有"时间"做时点标记词的确定用法。如：

(56) 欲待要步行走入山林去时间，那军每随即将着别古台的母掳在马上，叠骑着到来了。(《元朝秘史》卷二)

"时晚儿"主要在胶辽官话使用。我们没有在历史文献中找到他们作为时间标志词的用例。考虑到"晚"在有的方言如江淮官话中常与"这""那""多"连用，相当于"时候"（如陈登科《活人塘》："说到这~你还未懂吗？"），笔者把"时晚儿"看作并列式复合词。

"时阵"作为时点标记词主要在闽语区使用。我们没有在历史文献中找到它们作为时间标志词的用例。考虑到"阵"在近代汉语以来产生表示"事物或动作经过的一定时间段落"的时间量词用法,时点标记词"时阵"或许与此有关。如:

(57) 昨夜三更雨,临明一阵寒。(唐·韩偓《懒起》)
(58) 昨夜雨霏霏,临明寒一阵。偏忆戍楼人,久绝边庭信。(前蜀·毛文锡《醉花间》词)

近代汉语产生了其他一批"时X"类时点标记词"时分""时光""时年"等。如:

(59) 到得昨夜,女婿到家时分,不知因甚缘故,将女婿斧劈死了。(《京本通俗小说·错斩崔宁》)
(60) 我涅槃后,后时后分后五百岁,无上正法将欲坏灭时分转时。(唐·玄奘译《大般若波罗蜜多经》卷六百)
(61) 听经时光可昔,汝不解,低头莫语,用意专听。(《敦煌变文校注》卷二《庐山远公话》)
(62) 趁如今未丧黄泉,叮咛你大德高贤。等孩儿长大时年,交付他收执依然。(《元曲选·合同文字》一折)①

这些时点标记词在现代汉语书面语中仍可见到,但在各方言中似乎未见使用。

2) 附加式"时X"②

附加式"时X"形式多样,主要有:时仔、时夫、时务、时头、时经、时顺、时悙、时紧、时家、时船、时竣等。

如果仅从用字上看,历史文献中出现过的是"时务"。

【时务】

时点标记词"时务"在西南官话区的云南部分地区使用。在元曲中

---

① 例(60)—例(62)参白维国主编,江蓝生、汪维辉副主编《近代汉语词典》,中华书局2015年版,第1944—1945页。

② 这些"时X"中的"X"来历不明,可能是其他词语语音变化而来,使得词语内部结构变得不可分析。

能找到一些表示时点标志词的用例。如：

（63）谁家个年小无徒，他生在无忧愁太平时务。（元·秦简夫《东堂老》第三折）

（64）冬至来一百五日，正是那寒食时务。（元·武汉臣《老生儿》第三折）

（65）想着俺劬劳父母，遇了这饥荒时务。辞着兄嫂，引着妻男，趁着丰熟。（无名氏·《全元曲·包龙图智赚合同文字》）

在其他文献中罕见"时务"用作时点标记词的用例。

4. "早晚""会子/会儿"及其他类时点标记词的共时分布与历时发展

【早晚】

"早晚"表示"时候"，在北京官话、江淮官话、中原官话都有使用。如果算上"早晚"的合音词"咱/偺"（含"咱儿""咱子"），那么在北京官话、冀鲁官话、东北官话、胶辽官话、中原官话、江淮官话、晋语中都有出现。例如"这早晚儿"（北京）、"那咱子"（合肥、南京）、"这咱晚"（江苏镇江）、"镇早晚"（陕西澄城）、"多咱"（承德、青岛、利津、济南、济宁、林县、西宁、长春、沈阳）等。

吕叔湘（1985：357）指出："'早晚'是询问时间的词，意思是'什么时候'，最早见于晋代文献，一直用到宋代。"

大概是宋元时期，"早晚"有了时点标记词用法，相当于"时候"。《近代汉语词典》第2583页举了以下的例子。如：

（66）员外妈妈并哥嫂一齐起来，大怒曰："这早晚，东方将亮了，还不梳妆完，尚兀子调嘴弄舌！"（宋元《清平山堂话本·李翠莲》）

（67）若有话说，明日妾来回报，这早晚怕夫人寻我，回去也。（《元曲选外编·西厢记》二本五折）

（68）林姑娘怎么这早晚还不出门？（《红楼梦》第八二回）

【会子/会儿】

"会子""会儿"汉语史上都用于表示短时量，表示一段不很长的时间。如：

(69) 才说了会子闲话儿，又瞧了会子我前日黏的鞋帮子，明天还求他做去呢！（《红楼梦》第三二回）

(70) 吃了几杯闷酒，又说了会儿闲话。（《儿女英雄传》第一回）

明代"会子"也用于表示时点。如：

(71) 这会子明净了，没甚风雾。（《西游记》第八五回）

"会"在汉语史上有"时机"的用法。例如：

(72) 兵不能昌大功，不知会者也。（银雀山汉墓竹简《孙膑兵法·兵失》）

何亮（2007：76—77）考察过"之会"在 VP 或介宾短语后作时点标志词的用法，指出这一用法在中古已然不少。如：

(73) 乃忠臣肝脑涂地之秋，烈士立功之会也，可不勖哉！（《三国志·魏书·袁绍传》注引《魏氏春秋》）

(74) 夫亮之相刘备，当九州鼎沸之会，英雄奋发之时。（《魏书·毛修之传》）

(75) 故内委群司，外任方牧，正是志士建节之秋，忠臣立功之会。（《魏书·吕罗汉传》）

董志翘（2000）先生指出"会"引申的途径：

"会"本义为"盖子"，从"盖"与"器"的关系引申出"会合"义，同样，又从空间上的"会合"引申为时间上的"会合"，即"机会"、"时机"义。如："逢时遇会。"（王充《论衡·命录》）"将从反常之事，必资非常之会。"（《后汉书·周章传论》）李贤

注:"会,际也。"再泛指"时候",《行记》中用例甚多。"会"的引申途径基本同"际"。①

"之会"作为时点标记词在《入唐求法巡礼行记》中用例很多。如:

(76) 思虑之会,海州四县都游〔奕〕将下子巡军中张亮、张茂等三人带弓箭来,问从何处来。(唐·圆仁《入唐求法巡礼行记》,四月五日)

(77) 下帆之会,黑鸟飞来,绕舶三回,还居岛上。(唐·圆仁《入唐求法巡礼行记》,六月五日)

(78) 讲师、读师入堂之会,大众同音称叹佛名长引。(唐·圆仁《入唐求法巡礼行记》,十一月廿二日)

以"会"为核心语素作为时点标志词,笔者所见还保留在江淮官话及赣语的部分地区。"会子"表示时量在近现代书面语很常见。

【霎】

"霎"表示"时候、时间"主要在冀鲁官话,胶辽官话、晋语中使用。例如:先霎、那霎、这霎、这霎儿里、哪霎等。

段玉裁《说文解字注·雨部》:"(霅),今俗语云霎时间。霎即霅之俗字。"《说文新附》:"霎,小雨也。"可能由"小雨"引申指短时间,一下子、一会儿。例如:

(79) 昨夜一霎雨,天意苏群物。何物最先知,虚庭草争出。(唐·孟郊《春雨后》)

(80) 露华浓,冷高梧,凋万叶。一霎晚风,蝉声新雨歇。(唐·李存勖《歌头》)

(81) 淡淡春阳天气,夜来一霎,微雨初晴。向暖犹寒,时候又是清明。(宋·晁元礼《玉胡蝶》)

(82) 牵牛织女,莫是离中。甚霎儿晴,霎儿雨,霎儿风。

---

① 参董志翘《〈入唐求法巡礼行记〉词汇研究》,中国社会科学出版社2000年版,第245页。

（宋・李清照《行香子》）

王灿龙（2004：439）提出宏观时点、微观时点概念，他指出"宏观时点"和"微观时点"的划分主要着眼于一般的认知特点，不具有严格的数理意义。"微观"强调的是瞬间性，如"十点""十一点二十三分"等，"宏观"强调的是含有明显的时量（这种量有时是不定量），例如"春秋战国时期"。① 这对我们理解"霎"语义的演变有启发意义。何亮（2007：192）认为，因为时点可以是包含一定时间量的宏观时点，它本身可以在时间轴上占据一定的长度，使得时点时段具有相对性。

当"霎"用在其他成分后面表示一个短时量，实际上也可以看作一个更大背景下的一个点，这时"霎"的语义有了一点变化。例如下面的例子：

（83）青春又归何处，新笋绿成行。多少事，恼人肠。懒思量。香消一炷，睡起霎时，日过东窗。（宋・沈蔚《诉衷情》）

上例的"霎时"当然是指一会儿，但是也可以置于"睡起"这一时间背景下，指一个包含一定时间量的宏观时点，这时"霎"就可以理解为"时候、时间"。

以下的例子都出于蒲松龄的《聊斋俚曲集》。蒲松龄为济南府淄川（山东省淄川）人，显示"霎"的这一用法可能带有地域色彩。

（84）肚儿肚儿你捱饿，有个盼头休要慌，待霎子撑你个膨膨胀。（清・蒲松龄《聊斋俚曲集・墙头记》）
（85）江城云你那不在家霎，我闷了就合春香抹牌，觉着和他不如你呢。（清・蒲松龄《聊斋俚曲集・禳妒咒》）
（86）你那起初霎你说金豆子就合杂粮囤那是的，被我一句话诈出家当来了。（清・蒲松龄《聊斋俚曲集・增补幸云曲》第十七回）

---

① 关于宏观时点、微观时点，参王灿龙《说"VP之前"与"没（有）VP之前"》，《中国语文》2004年第5期。

从现代方言看"霎"表"时候",主要在冀鲁官话使用,胶辽官话、晋语的部分地区也有使用。如:兀霎霎_{那会儿。太原。山西太、沁县}、先霎_{以前。山东博山}、那霎_{那时;那一阵子。山东淄博、桓台、临朐}、那霎儿里_{那时候。山东寿光}、这霎_{这会儿;这时。山东临朐}、哪霎_{什么时候。山东安丘}、卫个霎_{当时,山西襄垣}。

其他类时点标记词如"着、能界、前儿、份期、份崽"等,这些时点标记词在历时文献中未见用例。他们的来源还有待进一步考察。

5. 小结

考察表明,以"时"为核心语素作为时点标志词,分布最为广泛,涵盖了几乎所有的方言。"辰"类时点标志词主要在吴语区。从汉语史看,虽然各个词语出现的年代并不一致,但大部分出现在唐以来的近代汉语。值得注意的是,近代汉语产生的一批"时X"类时点标志词虽然在各方言中并不使用,但在书面语中一直零星出现。

需要说明的是,尽管我们尽可能地多收集资料,但由于许多方言词典或方言论著收词很不全面,有的只收跟普通话不同的或差异很大的,而普通话相同的该方言是否也有并不交代,有的根本注意不到时点标志词,所以上述的考察是非常不全面的,所得结论仅能提供一个参考。

八 汉语方言时间疑问代词("什么时候"义)考察

本节要点:汉语方言"什么时候"义时间疑问代词主要有三种类型:疑问词+时点标志成分、疑问词+时量成分、疑问词+动量成分。动量成分由主要指行为的量,在方言中进一步虚化表示时量,这是因为动量本身蕴含着时间量的因素;它们进一步用于询问时点(即"什么时候"),这是因为时量时点本身具有模糊性,这为它们语义演变提供了基础。

本节主要考察汉语方言相当于"什么时候"的时间疑问代词的共时分布情况及其来源。

1. 时间疑问代词的共时分布

考察《汉语方言大词典》《现代汉语方言大词典》及相关词典,各方言中询问时间"什么时候"的时间疑问代词主要见表2-13:

表 2-13

		汉语方言"何时"义时间疑问代词考察
北方官话	北京	几儿、多趣/多咱（多昝）/多咱儿、多晚儿、多早晚儿、多前儿、多会儿
	东北	几儿、多儿、多昝/多阵/咱（多昝）/多咱儿、多晚、多晚儿、哪晚儿、啥时候、多会儿、多前儿
	冀鲁	几儿、多咱/多咱时/多怎/多暂/多趣/多咱（多昝）、多早晚、多晚儿、多天、多前儿、多回儿、那会、哪一会儿、啥会儿、么时候、甚时、啥时候
	胶辽	几儿、多当、多时晚、多害（亥）儿、多时晚儿、哪霎、多暂/咱（多昝）
	中原	几儿、几当番、多早/多藏/多脏/多喳/多咱（喳、偺、昝）、多喳晚儿、多仗儿、多早儿、多大晚儿、多仗晚儿、咱晚儿、多咱午儿、多咱回子、多咱晚儿、多咱儿、多咱子、多晚儿、多晚子、多早晚儿、多早晚、多晚、多时会儿、哪一会儿、怎会儿、阿会、阿会儿、多大会、多乎儿、多忽儿/多吻、阿空儿、啥百年、索时会儿/啥手儿/啥收儿、啥么时候、啥时候、阿个时候、多些时
	兰银	多会、几时、啥时节
	西南	哪阵/哪阵子、多阵、哪岗/哪港、多气/多其/哪气嗒、多哈儿/哪下点儿/哪下子/哪下、多下、哪会儿些/多灰、哪趟些、舍子、好久、多久、哪歇、哪个时候、咱子时候、哪个时候、哪摸时候、多个时候、啥子时候儿、啥时候、什么时候
	江淮	多个呃、多张子、多展子、好咱、好张子、好展子、多朝晚、哄张子、烘张子、多咱（多昝）、多早晚、多咱儿、多晚子、好咱子、哪一刻儿、多大会、哪会、多晃子、什么时候、么会子、么时候
晋语		多早番/甚早番、多咱会儿/多咱儿、多咱（多昝）/啥咱儿、多蛋儿、呀阵/甚阵/哪阵子/哪阵阵、甚回/甚回家／啊回/啊回家、哪趟、哪会/维会儿/甚会/多会儿/甚会儿/多忽儿/哪会儿/多乎儿/多会子/甚忽儿/甚会儿来、啥时会儿、甚时候/甚底时儿/甚时、什么时候、啥时候
徽语		多掌子、么仂时候
湘语		哪气子、哪气时基、么子时候
赣语		几场中、几□崽①、咋个时仔/咋个时会/啥里时间/嘛个时经/几时仔/几时间/几时/嘛哩时候、哪个下、么会子
客话		一惹时候/脉个时候/□介时候②/哪时节/哪个时子/子介时间、诘时/耐只时、奈久/哪久/哪久子、啥么长间、哪个次、哪个摆
吴语		几场浪、几能界、几辰光、多咱日/多咱晏/哪早晚、哪歇儿/哪歇/哪歇候、若能间、拉见、哪娘收、点高时候、该时、哪（样）时节/哪样节/待时节/何时节/阿泥时节/哪子（时节）、啥个辰光/啥辰光/何辰光/啥格辰光/好多辰光、啥时气

---

① ［ki⁴⁴hɛn¹³·tsɛi］，黎川。
② ［màk²²kài³⁵si³⁵həu²¹］，广东从化吕田。

续表

	汉语方言"何时"义时间疑问代词考察
闽语	乜毛时间、甚物时阵/甚乜时阵/啥时阵、底时仔/何时节、乜个时候/乜时候/乜时/乜候/底时候/底时/底候/底个时候/乜物时候/个乜时候/孰时候/底个时候、什毛辰候、地珍时、佴时、珍时、若早、底刻、着久
粤语	乜时、乜嘢时候、呦阵

概括说来，北京官话、东北官话、冀鲁官话、胶辽官话，最主要的形式是"多咱""多偺"以及变体如"多晚、多早晚"等；中原官话主要是"多咱"及其变体、"啥时候"等；兰银官话主要形式是"多会""几时""啥时节"；西南官话主要有"哪阵""哪下""多阵""好久""啥子时候"等；江淮官话主要有"多偺子""好咱儿""多咱（子/儿）""多晚"等；晋语主要有"多早番""多会子""甚会儿""甚早番""甚时候""哪阵子"等；徽语主要有"多掌子""么仍时候"；湘语主要有"哪气子""么子时候"；赣语主要有"几时仔""几时间""咋个时会""么会子"等；客话主要有"子介时间""脉个时候""哪久""哪时节"等；吴语主要有"哪歇""几能界""几辰光""哪早晚""好多辰光""何辰光""若能间""哪（样）时节""啥个辰光""何时节"等。闽语主要有"乜毛时间""乜物时候""底个时候""乜个时候""乜时候""底时候""什毛辰候""底时""甚物时阵""底刻""底个时候""啥时阵"；粤语主要有"乜时、乜嘢时候"等。

可概括见表2-14：

表2-14

方言区	主要形式
北京官话、东北官话、冀鲁官话、胶辽官话	多咱、多偺、多晚、多早晚
中原官话	"多咱"及其变体；"啥时候"等
兰银官话	多会、几时、啥时节
西南官话	哪阵、哪下、多阵、好久、啥子时候
江淮官话	多偺子、好咱儿、多咱（子/儿）、多晚
晋语	多早番、多会子、甚会儿、甚早番、甚时候、哪阵子
徽语	多掌子、么仍时候

续表

方言区	主要形式
湘语	哪气子、么子时候
赣语	几时仔、几时间、几时、咋个时会、么会子
客话	子介时间、脉个时候、哪久、哪时节
吴语	哪歇、几能界、几辰光、哪早晚、好多辰光、何辰光、若能间、哪（样）时节、啥个辰光、何时节
闽语	乜毛时间、乜物时候、底个时候、乜个时候、乜时候、底时候、什乇辰候、底时、甚物时阵、底刻、底个时候、啥时阵
粤语	乜时、乜嘢时候

看起来纷繁复杂，但如果我们联系汉语史汉语的疑问词，就能发现其中的规律。

2. 汉语史相关的疑问代词考察

观察汉语方言时点疑问词的构成，都由两部分构成，前一个成分最重要的有"几""多""哪""啥""甚""甚物""么""底"等，它们实际是疑问词；后一成分主要有"偺""咱""早晚""时候""时节""时会""时间""时阵""时仔""辰光""辰候""早番"等，它们实际是表时成分。

王海棻（2001：123—147）《古汉语疑问范畴词典》"时间询问"一节列举的问什么时候的词语有："多偺""多咱""多早晚""多咱晚""多早""多早晚时候""何""曷""害""揭""何当""何等时""何年""何日""何时""曷月""几""几时""什么时""什摩时""甚么时""甚日""甚时""甚时候""奚时""早晚"等。

对比起来，"曷""害""揭""奚"类词语在现代汉语及现代方言已不见踪影。下面我们结合汉语史考察前一成分仍在使用的时间词。

【几】

"几"自古就用来询问数量，多少。如：

（1）夫有大功而无贵仕，其人能靖者与，有几？（《左传·僖公二十三年》）

（2）万石君少子庆为太仆，御出，上问车中几马，庆以策数马毕，举手曰："六马。"（《史记·万石张叔列传》）

魏晋以后"几"有"何，什么"的用法。如：

（3）请问亚夫由几恶而得饿，英布修何德以致王，生羊积几善而获存，死者负何罪以逢灾耶？（三国·魏·嵇康《答释难宅无吉凶摄生论》）

（4）君见渔船时借问，前洲几路入烟花？（唐·刘长卿《上巳日越中与鲍侍郎泛舟耶溪》）①

"几"在近代汉语用法发生了很大的改变，吕叔湘先生（1985：339）指出："近代的'几'字的特征，用一句话来概括，是'数字化'；除了它的数值是无定而外，它的用法完全是一个数字。它必须跟一个名量词或准名量词（天、年、岁等），不能直接一般名词，无论所代表的事物是能计数的或不能计数的。"吕叔湘先生（1985：344）进一步指出："几是问数量的，那末'几时'应该是问时间的久暂。……可是后来这个意义都改用'多少时候'，而把'几时'作'什么时候'用了。"

唐代"几时"用就用来表示"什么时候"。如：

（5）鸿雁几时到，江湖秋水多。（唐·杜甫《天末怀李白》）
（6）荔枝几时熟，花头今已繁。（宋·苏轼《儋州》诗之二）
（7）大仙道："取经人几时方到？"（《西游记》第八回）②

现代汉语方言中，疑问词"几"已经不单独用于问时间，但是"几"参与构成的"几+时间成分"问什么时候的时间词在北京官话、东北官话、冀鲁官话、胶辽官话、中原官话、兰银官话、赣语、吴语中都在使用。

【多少】【多】

吕叔湘先生（1985：346）指出："因为'几'字的询问用法已经有了种种限制，近代汉语里才发展出一个'多少'来。在现代北京口语里，'多少'又常常说成'多儿'，或是只说'多'一个字。"

---

① 参罗竹凤主编《汉语大词典》第四卷，汉语大词典出版社 1994 年版，第 447 页。
② 以上三例参罗竹凤主编《汉语大词典》第四卷，汉语大词典出版社 1994 年版，第 449 页。

在晚近,"多"用在疑问句里,问数目。如:

(8) 公子便问那老和尚道:"这里到二十八棵红柳树还有多远?"(《儿女英雄传》第五回)

疑问词"多"参与构成的"多+时间成分"的询问时间的时间词在北京官话、东北官话、冀鲁官话、胶辽官话、中原官话、兰银官话、江淮官话、晋语、徽语等方言中使用。

【哪】

蒋绍愚、曹广顺主编的《近代汉语语法史研究综述》(2015:55—56)对疑问代词"哪"的形成与发展有较详细介绍,主要观点如下。

疑问代词"那(哪)"产生于汉魏之际,在魏晋南北朝时期的文献里经常可以见到,写作"那"。如:

(9) 生人作死别,恨恨那可论?(孔雀东南飞)
(10) 那能闺中绣,独无怀春情?(子夜春歌,乐府诗集44)
(11) 为在何许?当那求之?(太子瑞应本起经上)
(12) 不知竹雨竹风夜,吟对秋山那寺灯?(戴叔伦诗)

询问事理的疑问代词"那(哪)"先出现、表示选择的疑问代词"那(哪)"后出现,在唐以前"那"没有作指示代词的用法(指示代词"那",它来源于"尔"或"若"),到唐代"那"才可同时作指示代词和疑问代词。近代汉语时期疑问代词"哪"都写作"那",写作"哪"是很晚的事。

王海棻没有收"哪"参与构成的问时时间词,可能"哪"用于问什么时候是比较晚的事,且属于方言用法。

疑问代词"哪"参与构成的"哪+时间成分"询问什么时候的时间词主要在西南官话、晋语、湘语、客话、吴语等方言中使用。

【啥】

吕叔湘先生(1985:127)指出:"官话区的一大部分方言和吴语区的大多数方言里,和什么相当的疑问指代词是 ṣʅ 或 sɑ,以前北方写'煞'或'倏',四川写'咋',吴语区写'啥',现在一般都写'啥'。

这可能是'什么'的合音。"

"煞"用作因为代词表什么,出现较晚。例如:

(13) 这是什么东西?有煞用处呢?(《红楼梦》第六回)

"啥"做疑问代词在晚晴的文献中才见到用例。章炳麟《新方言·释词》:"今通言曰甚麼,舍之切音也,川楚之间曰舍子,江南曰舍。俗亦作啥。"①

(14) 要这些船干啥?(清·刘鹗《老残游记》第十四回)

疑问代词"啥"参与构成的"啥+时间成分"询问什么时候义的时间词语主要在西南官话及中原官话、兰银官话、吴语的部分地区使用。

【什么】【甚】【么】

吕叔湘先生(1985:133)指出,近代汉语"用'什么时候'问时间"。他(1985:123)指出:"'什么'始见于唐代文献。早期曾经有过种种写法:上一字或作'是',或作'什',或作'拾',或作'甚';下一字或作'物',或作'勿',或作'没',或作'麽',或作'摩',或作'末',或作'莫'。在敦煌写卷中,还有单写作'没''莽',以及加前缀'阿',作'阿没''阿莽'的。"

即早期"什么"写作"是/什/拾/甚+物/勿/没/麽/摩/末/莫""阿没/阿莽",常见词形有"是勿、是物、什麼、甚麼、甚、甚底、甚些"等。

(15) 玄宗问黄幡绰:"是勿儿得人怜?"对曰:"自家儿得人怜。"(唐·赵璘《因话录》)

(16) 某自五六岁,便烦恼道:"天地四边之外,是什么物事?"(《朱子语类》卷九十四)

(17) 不知甚么汉,一任辈流嗤。(唐·吕岩《赠江州太平观道

---

① 参汉语大字典编辑委员会《汉语大字典》(第二版)第一卷,四川辞书出版社 2010年版,第 643 页。

士》)

（18）要我这婆婆好，不问要甚么，都得舍。（元·刘唐卿《蔡顺奉母》第二折）

吕叔湘先生（1985：125）指出，"甚磨在最初常常只用一个甚字，始见于唐末，通行于宋元两代。"如：

（19）是何堂殿楼台，有甚幡花宝盖。多少来田地，几许多僧徒。（《敦煌变文集新书·维摩诘经讲经文》）
（20）唤向厅前而问曰："濮阳之日为因循，用却百金忙买得，不曾子细问根由。看君去就非庸贱，何姓何名甚处人？"（《敦煌变文集新书·捉季布传文》）

"作么"在唐代表示怎么、为什么。如：

（21）坠叶如花欲满沟，破篱荒井一蝉幽。亦知希骥无希者，作么令人强转头。（唐·贯休《陋巷》）
（22）生身便在乱离间，遇柳逢花作么看。（唐·李咸用《依韵修睦上人山居》之一）

到宋代"么"作疑问代词，表示"什么"。如：

（23）清平问曰："来作么？"师曰："来礼拜。"（《景德传灯录》卷一五《三角山令珪禅师》）①
（24）甘行者问："甚处来？"曰："药山来。"甘曰："来作么？"曰："教化。"甘曰："将得药来么？"（《五灯会元·药山惟俨禅师》）

疑问代词"什""甚"参与构成的问时时间词主要在晋语及闽语的部分地区使用。疑问代词"么"主要在徽语、湘语、赣语的部分地区使用。

---

① 参白维国主编，江蓝生、汪维辉副主编《近代汉语词典》，中华书局2015年版，第1296页。

【底】

蒋绍愚、曹广顺主编的《近代汉语语法史研究综述》(2015:59—60),较为详细地讨论了疑问代词"底"的发展。主要观点如下。

"底"表疑问出现于南北朝时期,在史书中很少见,在南朝乐府里,这个"底"字用得非常普遍。从南北朝时期的用例上看它是个通行于南方的疑问词。

(25) 寒衣尚未了,郎唤侬底为?(《乐府诗集·清商曲辞一·子夜四时歌秋歌十三》)

(26) (徐)之才问坐者曰:"个人讳底?"(《北史·艺术传·徐之才》)

(27) 兴盛使军人谣告敬则曰:"公儿死已尽,公持许底作?"(《南齐书·王敬则传》)

唐代"底"作为一个文学用语被吸收到诗文中。如:

(28) 为吏非循吏,论书读底书?(唐·杜牧《春末题池州弄水亭》)

疑问代词"底"主要在闽语区使用。

"疑问词+时间成分"的后一成分,我们在第七节已经做了考察。"时候""时节""时会""时间""时阵""时仔""辰光""辰候""早番"等在方言中是作为时点标志词"……时候"使用的。我们再看看其他成分。

【早晚】【偺、咱、暂、趱、赞】

吕叔湘先生(1985:357)指出:"'早晚'是询问时间的词,意思是'什么时候',最早见于晋代文献,一直用到宋代。从元代起,就不说'早晚'而说'多早晚'。更后,'早晚'变成一个合音字,从前写'喒'或'咱',现代多写作'偺'。"如:

(29) 若如卿言,则效在无远,其子必复袭世。袭世之后,早晚当灭?(《魏书·李顺传》)

(30) 尊侯早晚顾宅?(《颜氏家训·风操》)

(31) 早晚下三巴？预将书报家。(李白《长干行》)

(32) 不长进的毛病儿！多早晚才改呢？(《红楼梦》第二十一回)

(33) 黛玉道："可是你没的说了！好好的，我多早晚又伤心了？"(《红楼梦》第六十四回)

(34) 不知多咱，寻了自尽。(《金瓶梅词话》第二十六回)

(35) 一百里路，明日赶多咱到家？(《醒世姻缘传》第三十八回)

(36) 你爹八十的人了，你待叫他活到多咎！(《醒世姻缘传》第六十回)①

大概是宋元时期，"早晚"有了时点标记用法，相当于"时候"。《近代汉语词典》第2583页举了以下的例子。如：

(37) 员外妈妈并哥嫂一齐起来，大怒曰："这早晚，东方将亮了，还不梳妆完，尚兀子调嘴弄舌！"(宋元《清平山堂话本·李翠莲》)

(38) 若有话说，明日妾来回报，这早晚怕夫人寻我，回去也。(《元曲选外编·西厢记》二本五折)

(39) 林姑娘怎么这早晚还不出门？(《红楼梦》第八十二回)

可能由于方言材料调查未全，吕叔湘先生（1985：355）说："把相对的两个性状词'多'跟'少'合成一个词'多少'，这构成一个询问一切度量的典型；准此可以有'大小''轻重''高下''深浅''远近''早晚'等等。这些格式也许都曾经有过，但我们见到的实例只有'大小'跟'早晚'；其余的都让'多远、多重、多高、多深'等格式替代了。就是'大小'，除下面要说到的一项特殊用法外，也都改用'多大'。只有'早晚'，后来虽然也加上了'多'字，它本身可始终没有缩成一个'早'字。"

我们认为北方官话区的"多晚""多晚儿""哪晚儿""多早"的

---

① 以上例 (34) —例 (36) 参罗竹凤主编《汉语大词典》第三卷，汉语大词典出版社1994年版，第1179页。

"晚""早"是"早晚"的省略形式。

现代方言中"早晚"、合音"咱/偺"以及省略形式"早""晚"主要出现在北京官话、东北官话、冀鲁官话、胶辽官话、中原官话、江淮官话中出现。

【多会儿】

吕叔湘先生（1985：354）指出："用'多会儿'来问时间上的一点，'多'是由'多少'的意义转而用于'什么'或'哪'的意义（'几'字也有同样变化）。'多会儿'也是最近一个时期才有的，可能是由'多偺'（多早晚）类推出来的。"

吕叔湘先生（1985：256）指出："问时间，近代汉语用多早晚（>多偺），晚近又用'多会儿'，但间或也用'哪会儿'。"

从历史文献看，"多会儿""哪会儿"很是很晚近才出现的。从方言看，主要在北方官话和晋语使用。

"会"用于问时点，可能来自"会"的"际""时"义。但从系统性的观点看，也可能来自"会"的时量义。

众所周知，"霎""刻""会子""会儿""久""阵""长间"等都是时量成分，"气"其实也是表示时量的成分。笔者（2016）曾讨论过上述时量成分的历时发展，此不赘述。

3. 汉语方言时间疑问代词的类型

根据以上分析，结合汉语史汉语疑问代词的使用情况和时间标志词的使用情况，从上表可以看出，以上"什么时候"义时间疑问代词主要由以下几种类型构成。

1）疑问成分+时间/时候义成分

疑问成分有"几""多""哪""啥""甚""么""阿""底""咋个""何"等。时间/时候义成分有"日""天""时""时间""时仔""咱""早晚""早""晚""时晚""时候""时节""时基""时会""时阵""辰光""早番"等。具体如下。

几+日：几儿、多天。

几+时（时间、时仔）：几时、几时仔、几时间。

多+日：多儿、多个呃。

多+偺（早晚、早、晚）：多趱、多咱、多喒、多昝、多偺、多暂、多咱儿、多咱子、多咱日、多咱晏、多展子、多早晚、多朝晚、多早晚儿、多喀晚儿、多咱晚儿、多咱会儿、多晚、多晚儿、多晚子、多咱时、多怎、多早、多早儿、多藏、多脏、多张子、多掌子、多仗儿、多大晚儿、多仗晚儿、咱晚儿、多咱午儿、多咱回子、多早番。

多+时候（时、时晚）：多些时、多个时候、多时晚、多时晚儿。

多+前儿：多前儿。

哪+时（时候、时子、时节、节）：哪个时候、哪摸时候、哪时节、哪个时子、哪（样）时节、哪样节、哪气时基、哪孑（时节）。

哪+暂（咱、早晚、晚）：哪晚儿、哪时暂子、哪么咱、哪咱、哪早晚。

啥+时（时候、时节、时会、时间、时阵）：啥时候、索时候、啥手儿、啥收儿、啥么时候、啥时候、啥时节、啥子时候、啥咱儿、啥时会儿、啥时气、啥里时间、啥时会儿、啥时阵。

啥+晚：啥晚。

啥+辰光：啥个辰光、啥辰光、啥格辰光。

甚（甚物）+时（时候、时阵、辰候）：甚时、甚时候、甚底时候儿、甚物时阵、甚乜时阵、什乇辰候。

甚+早番：甚早番。

么+时（时候）：么时候、脉个时候。

阿+时（时候）：阿个时候、阿泥时节。

好（好多）+咱：好咱子、好咱、好张子、好展子。

好多+辰光：好多辰光。

么（嘛、么仿、么子）+时候（时经）：么仿时候、么子时候、嘛个时经、嘛哩时候。

底+时候（时、候、时节、时仔）：底时候、底时、底候、底个时候、底时仔。

咋个+时候：咋个时仔、咋个时会。

何+时（时节、辰光）：何时节、何辰光。

乜+时候（时、候）：乜乇时间、乜个时候、乜时候、乜时、乜候、乜物时候、个乜时候、乜嘢时候。

其他：烘张子、一惹时候、□介时候①、子介时间、诘时、耐只时、

---

① ［màk²² kài³⁵ si³⁵ həu⁽²¹⁾］，广东从化吕田。

点高时候、该时、待时节、孰时候、地珍时、佃时、珍时、啥百年、几场中、几口崽①、多蛋儿、几当番、多大儿、阿空儿、多当、多害（亥）儿、几场浪、几能界、若能间。

2) 疑问成分+时量成分

疑问成分主要有"哪""多""甚""么""啥""阿""底"等，时量成分主要有"霎""刻""会""会子""会儿""气""久""阵""长间"等。如：

哪霎②、哪一刻儿、哪会、哪一会儿、哪会儿、哪会儿些、哪会、多会、多会儿、多回儿、多乎儿、多忽儿、多吩、多大会、多灰、多会子、甚会啦、甚忽儿、甚会儿来、甚会、么会子、啥会儿、啥会儿、阿会、阿会儿、多久、哪久、哪久子、好久、多阵、底刻、啥么长间、怎会儿、维会儿、奈久、着久。

3) 疑问成分+动量成分

疑问成分主要有"哪""多""阿""甚"等。动量成分主要有"阵""下""趟""次""岗""歇"等。如：

哪阵、哪阵子、哪阵阵、哪哈儿、哪下点儿、哪下子、哪下、哪个下、哪趟、哪个次、哪岗、哪港、哪歇、哪歇儿、哪歇、哪歇候、多下、啊回、啊回家、甚回家、甚回、甚阵；多气、多其、哪气嗒、哪气子、哪个摆、呦阵、呀阵等。

4) 疑问成分+词缀：啥子。

其他：多晃子、若早、拉见、哪娘收。

4. 结语

综上所述，方言"什么时候"义时间疑问代词主要有三种类型。

第一类是由疑问词+时间标志词。前一个成分最重要的有"几""多少（含变体'多'）""哪""啥""什么（含变体'甚、甚物、么'等）""底"等，他们实际是疑问词；后一成分主要有"早晚（含变体'嗒③、

---

① [ki⁴⁴hɛn¹³·tsɛi]，黎川。

② "霎"表短时间。如唐·孟郊《春后雨》诗："昨夜一霎雨，天意苏群物。"宋·李清照《行香子》词："牵牛织女，莫是离中。甚霎儿晴，霎儿雨，霎儿风。"元·白朴《梧桐雨》第三折："没乱杀怎救拔，没奈何怎留他，把死限俄延了多半霎！"参《汉语大词典》第11卷，第705页。

③ 包括同音的不同写法，例如偺、咱、暂、趱等。

早、晚'等)""时候""时节""时会""时间""时阵""时仔""辰光""辰候""早番"等,它们实际是时点标记。

如前所述,"几"出现最早,现代汉语方言中,疑问词"几"已经不单独用于问时间,但是"几"参与构成的时间词在北京官话、东北官话、冀鲁官话、胶辽官话、中原官话、兰银官话、赣语、吴语中都在使用。

疑问词"多"近代汉语才产生,"多"参与构成的时间词主要在北方官话区使用,例如在北京官话、东北官话、冀鲁官话、胶辽官话、中原官话、兰银官话、江淮官话、晋语、徽语等方言中使用。

疑问代词"哪"在魏晋已经产生,"哪"参与构成的时间词主要在西南官话、晋语、湘语、客话、吴语等方言中使用。

近代汉语产生的疑问代词"啥",现代方言参与构成的时间词语主要在西南官话及中原官话、兰银官话、吴语的部分地区使用。

唐代产生的疑问代词"什""甚",参与构成的问时时间词主要在晋语及闽语的部分地区使用。疑问代词"么"主要在徽语、湘语、赣语的部分地区使用。

南北朝产生的疑问代词"底"主要在闽语区使用。

从这些时间疑问代词的疑问成分来看,本身就反映了这些时间词的历史层次性。

第二类是疑问词+时量成分。疑问词有"哪""多""甚""么""啥""阿""底"等,后一成分的时量成分"霎""刻""会""会子""会儿""气""久""阵"在汉语史上都有用例,这些成分在方言中都发展出标记时点的功能。

第三类是疑问词+动量成分。这一类时间前面疑问词的种类少于前两类,主要有"哪""多""甚"等,后面的动量成分"阵""下""趟""次""歇"等,这些动量成分由主要指行为的量,在方言中进一步虚化表示时间概念,这是因为动量本身蕴含着时间量的因素,而时量时点本身具有模糊性,[①] 这为它们语义演变提供了基础。

从第二类、第三类时点疑问词的内部构成来看,不同类型的时量成分和动量成分都演变为疑问时间词的内部构成成分,这或许反映了一种语言共性。

---

① 参王灿龙《说"VP之前"与"没(有)VP之前"》,《中国语文》2004年第5期;何亮《中古汉语时点时段表达研究》,巴蜀书社2007年版,第192页。

第三章

汉语方言时间词语的其他相关研究

前面我们主要是从共时分布与历时来源的角度来考察和分析汉语方言的时间词语。分别考察了汉语方言"昨天""今天""明天"的时间表达系统及其来源、汉语方言"今日"前后四日时间表达的词语类型及其来源；汉语方言日内时间的表达格局及其形成；汉语方言傍晚—夜晚义时间语素、汉语方言主观时量时间词、汉语方言季节类时间词语、汉语方言时点标志词的共时分布与历时发展考察；还对汉语方言时点疑问词进行了专题考察。

本章主要从认知心理、词汇化、隐喻认知的角度，在考察相关时间词语的基础上，对汉语方言的时间词语进行理论探讨。

包括三个专题：汉语方言"X来"类时间词的词汇化特征探析，从方言看汉语"来去"类时间词语的隐喻认知，《汉语方言大词典》中时间词的收词释词商榷。

一 汉语方言"X来"类时间词的词汇化特征探析[①]

本节要点：方言中"来"类时间词主要有三个演化途径，其中由同形的主谓短语发展而成的词语和由词缀"来"构成的附加式词语较多。"X来"词汇化历程中存在渐变性、溶合性、聚结性、去理据性、隐喻化现象；与语法化一样都有共存现象、类推现象。在词汇化过程中，词素语义虚化程度不一，词内部词素边界并不一定完全消失，也不一定导致音系

[①] 本节部分内容见拙文《汉语方言"X来"类时间词探析》，《科学·经济·社会》2012年第4期。

的弱化。词汇化与语法化存在交叉现象，"来"存在一个语法化斜坡；同一个语法化进程，可能会造成系列语法结构的词汇化。

认知语言学认为，在人类认知发展的连续体中，空间概念的形成先于时间概念，空间关系及其词语是最基本的，因而最初用于空间关系的词语后来被用来喻指时间等抽象概念。[①] 位移动词"来"就广泛地运用于时间表达。在现代汉语方言中，位移动词"来"用于时间表达的情形远比现代汉语共同语复杂，"来"不仅可以构成过去、将来的相对时间，也能构成表达时间序列的绝对时间，还能用于指代性时间。现在我们所看到的"来"类时间词处于一个共时平面，然而细细考察"来"在各类时间词中的地位与作用，就会发现这些"来"的性质并不相同。虽然缺乏方言历史文献，但梳理这些现代汉语方言中时间词语"来"的用法，结合汉语史文献，能使我们了解这些词语的形成与发展历程。

本小节考察现代汉语方言中"X来"类时间词，讨论"X来"的词汇化历程，并讨论词汇化与语法化的关系。

1. 由"来"构成的时间词语[②]

1）"X来"用于表过去

（1）"时间词+来"：夜来(昨天)、夜来个/夜来科/夜来格(昨天)[③]、夜夜来(昨晚)、黑来个儿(昨晚)、夜黑来(昨晚)、昨来、头年来(去年)。[④]

（2）"X以来"（粤语区常省去"以"，成为"X来"）、自来(从过去到现在；从来)。

（3）"副词性顺序成分+来"

表示时间在前的成分有"先""早""头首""后边"等。如：先来(刚才)、先上来(原先)、原来(起初；从前；原先)、早来(从前)、头来(早先)、初上来(开始的时候)、头首来(当初；开头)。

---

① 参赵艳芳《认知语言学概论》，上海教育出版社2001年版，第48页。

② 按：因本节研究与各词语在方言中的分布关系不大，所以所有词条均未列出其所在方言区域。

③ 参许宝华、宫田一郎《汉语方言大词典》，中华书局1999年版，第3562页。李荣主编《现代汉语方言大词典》（合订本），江苏教育出版社2002年版，第2337页。

④ 除特别注明的以外，本节所有方言时间词都来自《汉语方言大词典》或《现代汉语方言大词典》，以下不再标注词条页码。

表示时间在后的成分有"后""后头""后首""后末"等。如：后来_{过去某一时间以后的时间}、后边来_{后来}、后半来_{后来}、后慢来_{后来}、后自来_{后来}、后息来_{后来}、后头来_{后来}、后首（手）来①_{后来，指在过去某一时间之后的时间}、后晚来_{后来}、压末来_{末了；最后}、后末来_{后来}。

人们在叙述事情时往往是讲已经发生的事，或是跟现在有关的事情，所以表示时间顺序的词语往往用于表示说话时或过去的某一时间之前或之后的时间，也就是说从时制上讲，它们多用于表示过去的时间。

2)"X来"用于表示未来

"X来"中的"X"有的是副词，例如：将来_{现在以后的时间}、将后来_{将来}、讨（来）② _{即将，将要}、落来③ _{将来，日后}。

有的是表示未来时间的时间词④，如：赶明儿来_{将来}、明来_{明日；明天}。

3)"X来"用于绝对时间

表示一天中的某一时间，或某个季节，或人生的某个阶段。如：

明者来_{黎明的时候}、晌午者来_{午前}、夜快来_{傍晚}、黄昏将来_{傍晚}、黑将来_{傍晚}、黑者来_{擦黑儿（者来），傍晚，黄昏，日落后星出前的一段时间}、黑障来_{黄昏}、晚黑来_{晚上}、黑来_{晚上}、清起来_{早晨；清晨}⑤、侵起来_{早晨}、春来_{春天；春季}、秋来_{秋天；秋季}、夏来_{夏天，夏季}、小来_{小的时候}、老来_{老年时}、大来_{长大以后}。

4) 用于表示指代性时间

指代性时间由指示代词参与构成，可以称代任何一个时间。

甚会儿来_{哪会儿；什么时候}、那当来_{那时}、那空来_{那会儿}、这当来_{这时候}、这空来_{这会儿}。

跟现代汉语共同语比较，汉语方言中时间词语"X来"有较大差异：除表示过去、将来的相对时间之外，"来"还用来构成序列时间的绝对时

---

① 按："后首"在不少方言中是时间词，表示"后来；以后"，指在过去某一时间之后的时间。在东北方言、中原官话、兰银官话、江淮官话、西南官话、吴语等都有。见许宝华、宫田一郎《汉语方言大词典》，中华书局1999年版，第2086页。

② 讨 [tau] 在建瓯有"将要"的意义。见李如龙、潘渭水《建瓯方言词典》，江苏教育出版社1998年版，第142页。

③ "落"[lo] 在温州有两个意义：下；下去。见游汝杰、杨乾明《温州方言词典》，江苏教育出版社1998年版，第221页。

④ 有的X意义不明，如"跛角来"_{后来}、"慢底来"_{后来}。

⑤ 按：在徐州方言中"清起（来）"中"来"可说可不说，又，山西襄汾也作"清起里"[tɕʻieɜ⁴⁴ tɕʻi²² li²²⁻²¹]，可证"来"义虚化，主要意义由"清起"充当。

间和指代性时间。"来"构成的相对时间词也远比现代汉语共同语丰富复杂。

以上几类"来"的时间词,有的"来"位移动词性质明显,如大部分相对时间词,表示一天中的某一时间的绝对时间词;有的"来"则词义较虚,但仍保留"来"的位移意义,这些词语的时间意义主要由前面一个语素承担,如"春来、秋来"等;有的"来"的位移意义较为虚灵,相当于"时",如"大来、小来、老来"等,"来"在表义上仍不可或缺;有的"来"已经是纯粹的词缀,其词汇义丧失殆尽,如"夜来、昨来、明来、甚会儿来、那当来、那空来、这当来、这空来"等。

崔达送(2005:58)指出:"'来'从位移动词经过语义衍化,具体位移变为抽象位移,具体方向变为抽象方向,从而进入表时组合。"那么"X来"类时间词经历了怎样的历程呢?

2. 方言"X来"时间词的词汇化历程考察

关于词汇化,王灿龙(2005:225)认为:"一个短语或由句法决定的其他语言单位在经历了一段时间之后,其自身变成一个稳固的词项(LexicaI item),并且进入基本词汇或一般词汇,人们称这一过程或现象为词汇化(Lexicalization)。简而言之,词汇化就是一种句法单位成词的凝固化。"

沈家煊(2004)认为"词汇化"包含两种意思:一是指词缀变为词,二是指词的组连(包括词组)变为词的演变。

结合汉语实际,我们认为,一个句法单位凝固成词进入词库,这个过程就是词汇化历程。

已有的研究表明,"来"在中古作为词缀,可构成"词根+词缀"的附加式合成词。[①] 董秀芳(2002:294—295)在讨论派生词的单纯化时指出,"来"在古汉语中可以作为时间词后缀,结合面较宽,如"顷来、夜来、昨来、晚来"等,后来"来"的这一后缀用法衰落,能产性丧失,导致这类派生词中词根与词缀之间原有的关系模糊了,一些词从词汇系统中消失,另一些词则固化为单纯词保留下来,如"近来、向来"。

陈昌来和张长永(2009、2010a、2010b、2011)对现代汉语中"从

[①] 参何亮《中古汉语约量时段的表达》,《汉语史学报》(第六辑),上海教育出版社2006年版,第103页。

来""将来""后来""由来"等"X来"式双音词的词汇化历程及演化机制做了研究,认为现代汉语17个"X来"可分为三类,第一类由"介词短语+来"构成的偏正短语演化而来(如"从来");第二类由同形的偏正短语演化而来(如"将来");第三类由本来就表达时间概念的单音词加类后缀"来"构成,后经演化发展成现代汉语中的"X来"式双音词(如"本来、近来")。从历时演变角度看,这些"X来"的来源不尽相同,所遵循的演化路径也不一样。

方言中情况要复杂得多。除了共同语和方言共有的词语外(如"自来、原来、后来、将来"),更多的是差异。一方面是方言有而共同语无,另一方面是共同语和方言时间词语的构成机制相同但词形不同。

方言有而共同语没有的"X来"时间词,如:昨来、明来;头年来、先来、先上来、早来、头来、初上来、头首来、后边来、后慢来、后自来、后息来、后头来、后首(手)来、后晚来、压末来、后末来、明者来、晌午者来、夜快来、黄昏将来、黑将来、黑者来、黑障来、晚黑来、黑来、清起来、侵起来、春来、秋来、夏来、小来、老来、大来、甚会儿来、那当来、那空来、这当来、这空来。

构成机制相同但词形不同的词,如:将后来、讨(来)、落来(与"将来"构词方式一样)。

陈昌来、张长永研究过的"从来""将来""后来""由来"一类时间词语我们不做讨论,我们选取"春来""晌午者来"(代表绝对时间的序列时间一类)、"先来"(代表相对时间一类)、"甚会儿来"(代表指代性时间一类)为代表,以这几个代表性的方言时间词为案例,考察"X来"的词汇化规律。

春来

先秦时未见"春"与"来"搭配使用,西汉出现用例,作谓语,意思是"春天的时候回来",状中结构:

(1)古者,行役不逾时,春行秋反,秋行春来,寒暑未变,衣服不易,固已还矣。(《盐铁论》)

状中结构的"春来"后代常表示"春天的时候来",作谓语。如:

(2) 苻坚时，卫臣入塞寄田，春来秋去。(《宋书·索虏传》)
(3) 使虏但发轻骑三千，更互出入，春来犯麦，秋至侵禾。(《宋书·周朗》)

这种"春+来"不是时间词"春来"的来源。主谓结构的"春来"（表"春天来到"）才是现代方言时间词"春来"的来源。唐宋时期用例很多，特别在唐诗宋词里"春来"极为常见。"春来"作句子的状语：

(4) 兀然无事坐，春来草自青。(《祖堂集》)
(5) 春来南雁归，日去西蚕远。(陆龟蒙《相和歌辞·采桑》)

这些"春来"起初是春天来到，或入春以来的意思，但春天来到和入春以来本就是一个宏观时点，包含在"春天"之中，慢慢"来"的位移义减弱乃至消失。唐宋之际的"春来"尚处于两可之间，既可以理解为"春天到来"，也可以理解为"春天"。

主谓结构的"春来"本来是对事件的陈述，但从认知上讲，春天来到就时间上看就是处于春天了。这时就由指行为本身（"来到"）转化为行为的实施者"春天"，这时不仅词性转化，语义也发生了变化。下例的"春来"出现在宾语位置，变成了名词，完成了"春来"的词汇化历程。如元曲：

(6) 到春来郁闷恹恹，昼夜相兼，粉黛慵拈。(孙周卿《题恨》)
(7) 俺只会春来种草，秋间跑药。(邓玉宾散曲)

例（7）"春来"与"秋间"对文，突出了其时间特性，"来"的位移意义已经虚化。

与此类似，"夏来""秋来""冬来"也发展为时间词。如：

(8) 到春来怎听那杜鹃啼山月晓？到夏来怎禁那乱蝉声暮雨收？到秋来怎听那寒蛩啾唧泣清秋？到冬来你看那寒鸦万点都在老树头。(宫天挺《死生交范张鸡黍》)

晌午者来

"晌午"在共同语及忻州话都是"中午"的意思①，"晌午者来"表示"午前"，其构词理据显然是将时间看作移动的物体，"来"位移意味非常明显。"晌午将要来到"本来是一个陈述，转指后指称这一事件相关的时间。

我们认为时间词"明者来、晌午者来、夜快来、黑将来、黑者来、黄昏将来、黑障来、黑来"等的构词理据均与"晌午者来"相同。因为缺乏必要的方言文献，我们并不清楚这些词语的具体的词汇化历程，但它们都由陈述转指为指称，在一点是确定无疑的。

这类词语与"春来"的差异在于，"春来"词汇化以后，"来"的位移意义弱化，词义主要由"春"承当，而"明者来"、"晌午者来"中的"来"则仍保留了强烈的位移意义。

先来②

"先来"开始是副词"先"与动词"来"的组合，"先+来"一般做谓语。如：

(1) 汉正南北，江河固期，南风新至，江使先来。(《史记·龟策列传》)

(2) 少妇谓长妇曰姒，言其先来，已所当法似也。(《释名·释亲属》)

"先+来"是说"首先来到"，"先"修饰"来"，二者边界很明显。这个组合及用法后代一直沿用。但从汉末开始，有了新变化，"先来"用作状语，形成"先来+VP"的形式。如：

(3) 建武初，先来诣阙，故得复国。(《后汉书·张曹郑列传》)

(4) 其将张骧、李沈、慕容文等先来降，寻皆亡还，是日复获之，皆赦而不问。(《魏书·太祖纪》)

---

① 温端政、张光明：《忻州方言词典》，江苏教育出版社 1995 年版，第 134 页。
② "先来"这一小节内容参拙文《汉语方言"X 来"类时间词探析》(《科学·经济·社会》2012 年第 4 期。拙著《汉语时空隐喻表达式的历时研究》也涉及"先来"相关的讨论)。

董秀芳（2002：46）认为，"句法单位变为复合词的过程实际上可以看作是一个由心理组块造成的重新分析过程。当构成一个句法单位或者虽然不构成一个句法单位但在线性顺序上邻接的两个词由于某种原因经常在一起出现时，语言使用者就有可能把他们看作一体来加以整体处理，而不再对其内部结构作分析，这样就使的二者之间原有的语法距离缩短或消失，最终导致双音词从旧有的句法构造中脱胎出来。"

这类"先来+VP"结构中，表达重点是后面的VP，"先来"强调的是VP发生顺序在先，这样，"先来"就容易作为一个整体看待。更重要的是，这个结构如果强调以前曾经发生过VP，那么"先"的时间性将得到彰显，而动词"来"的重要性被减退，"先来"就可能发生转指。如下面的例子：

（5）其父先来求子不得，中止一城。（鸠摩罗什《妙法莲华经·信解品第四》）

（6）其母先来奉佛，即然七灯于佛前，夜精心念观世音，愿子得脱。（《古小说钩沈·宣验记》）

"其父先来求子不得""其母先来奉佛"两句中施事主语发出"来"这一位移意义并不明显，这里的"来"实际上已经处于虚化状态之中，这时"先来"由指动作转指时间，"先"与"来"之间的边界模糊。进一步发展，"先来"就表示"以前、原来、原先"的意思，"先""来"之间的边界消失融合为一体，"先来"不仅词性发生转化，语义也发生变化，由指"来"这一行为动作转化为这一行为所指的时间。如：

（7）当见我时，先来所有於诸法相疑滞之处，我未为说，便得除断。（昙无谶《悲华经·诸菩萨本受记品第四》）

（8）其夫先来常善作鸳鸯之鸣，即入王池，作鸳鸯鸣，偷优钵罗花。（《百喻经》）

特别是当主语为非生命物体时，"先来"中"来"的位移意义已经完全丧失。如：

(9) 远公进步向前启白庄曰：此寺先来贫虚，都无一物。(《敦煌变文·庐山远公话》)

(10) 于时迦摄见此事已，而作是念：其大树先来不屈，今谁低曲？(义静《根本说一切有部毗奈耶破僧事》)

除了作状语，"先来"也可以做宾语，这时"先来"可以说已经完成了其由语法结构到凝固成词的词汇化历程。如：

(11) 我于先来但见啮毒，至于害毒实未曾见，勿令于夜誓害于我。(义静《根本萨婆多部律摄》)

"以前、原先"离现在的时间距离究竟多远并不明晰，如果离现在（说话时间）距离不远，那就是"刚才"了。如：

(12) 〔赛红娘〕先来小生心儿闷，见贫女又嫁。(末出接) 三分似人，休得要言语诈。(《张协状元》第十六出)

也许由于位移义的"先来""后到"仍然很强势，或者因为表示"刚才"义的同义词很多，作为时间词的"先来"在共同语中并没有保留，今天只在部分方言中使用，例如晋语区的忻州等地。

我们认为共同语及方言中副词性顺序词语加"来"一类的时间词演化过程差不多都可以作如是观。

甚会儿来

在历代文献中我们没能找到跟"甚会儿来、那当来、那空来、这当来、这空来"相关的语料。由于历时材料的缺失，我们不能清楚了解它们的词汇化过程。这类词显然不同于前面几类，"甚会儿、那当、这空"等本来就指代时间①，"来"已经完全虚化，与"昨来""明来"的"来"相似，变成了词缀，虚化程度很高。"来"早在中古时期就作为词缀加在时间词的后面，这说明在"甚会儿来"等的词汇化过程中，音节的韵律

---

① "甚会儿"：哪会儿，什么时候。中原官话，山西汾西。"甚忽儿"：哪会儿，什么时候。晋语，山西榆次、五寨。"那会"：那时候；那会儿。晋语，山西静乐。"当子"：空隙，空儿，距离。中原官话，山东枣庄。西南官话。

规律可能在起作用。①

由以上考察可以看出，方言中"来"类时间词主要有三个演化途径。

一是由同形的主谓短语演化发展而来。如：春来、秋来、夏来、明者来、晌午者来等。

二是由同形的偏正短语（状中结构）发展演化而来。如：先来、后首来、将后来、讨来、落来等。

三是时间词加词缀"来"构成的附加式合成词。如：昨来、明来、赶明儿来、甚会儿来等。

跟共同语比较，方言"来"类时间词的特点有两点：第一，是由同形的主谓短语演化发展成的"来"类时间词较多；第二，时间词加后缀"来"的附加式时间词远多于共同语，这些词语很多在历史文献中没有出现过。

董秀芳（2002：190）曾指出主谓式复合词可以说是复合词中一种有标记的格式，在三类不能产的动词性复合词中，主谓式复合词又是最不能产的。但我们发现，方言"来"类时间词主谓式合成词却较多。这与人们对时间的认知有关。已有的研究表明，汉语方言中有一种重要的时间认知方式，即把时间看作运动的主体，其隐喻方式是"时间在动"，但与过去将来无关，这种隐喻体现的是时间的序列（表示一生、一年或一天中的序列时间的某一时间）。"时间在动"的"时间"有时以时间本身为主体，如"春/夏/秋/冬"，有时表现为这个时间的特征，例如早上的特征是"明"、晚上的特征是"黑"等，"明者来"就是黎明，"黑者来"就是黄昏。因而产生了相当数量的主谓式合成词。

3. "X来"时间词的词汇化特征

词汇化与语法化的关系一直受到学界高度重视。沈家煊（2004）认为当"词汇化"指词的组连（包括词组）变为词的演变时，这种"词汇化"十分常见，而且往往和"语法化"重合在一起。

Brinton 和 Traugott（2005）对词汇化与语法化的关系论述较为系统全面，认为二者具有一定的平行性。一方面是词汇化与语法化都具有的一些特征，例如（1）渐变性，（2）单向性，（3）溶合，（4）聚结，（5）去

---

① 方一新（1997：163）指出"来"在魏晋南北朝成为词尾，如"夜来""晚来""朝来"的"来"是名词词尾，接在时间名词之后构成复音词，本身并不表义。

理据性,(6)隐喻化/转喻化。另一方面语法化具有而词汇化不具有或很难具有的典型特征,如(1)去范畴化,从主范畴到次要范畴,从实到虚;(2)语义漂白(bleaching);(3)主观化;(4)能产性;(5)频率(语法化后的语项往往比其词汇来源具有更高标记性的使用频率);(6)类型概括化(typological generality)。[1]

结合汉语方言"X来"时间词语的实际,我们对"X来"时间词语的词汇化有以下一些认识。

(1)与语法化的特性类似,"X来"的词汇化存在渐变性、溶合性、聚结性、去理据性、隐喻化现象。

以"先来""春来"而言,它们分别由偏正结构、主谓结构的短语逐步词汇化,演变过程中还存在中间状态,例如唐宋之际的"春来"既可以理解为"春天到来",也可以理解为"春天",体现了词汇化的渐变性。

"先来""春来"原先作为语法结构,两个成分之间界限分明,词汇化过程中,两个词素的边界逐渐消失,体现了溶合性。

"那当来"[$na^{42} taŋ^0 lɛ^0$]、"那空来"[$na^{42-43} k'uŋ^{42} lɛ^0$];"这当来"[$tsə^{42} taŋ^0 lɛ^0$]、"这空来"[$tsə^{42-43} k'uŋ^{42} lɛ^0$]、"赶明儿来"[$kæ^{24} mər^{55} lɛ^0$]、"昨来"[$tɕyə^{55} lɛ^0$]、"春来"[$tʂ'uən^{42} lai^0$]、"秋来"[$tɕ'iou^{42} lai^0$]、"夏来"[$ɕia^{443} lai^0$]、"侵起来"[$tʂ'ie^{43} tʂ'i^{55-213} lɛ^0$]等词语中"来"都出现了语音弱化现象,丢失了本调,体现了聚结性。

在一些"X来"类词语中,"来"的语义磨损,构词理据变得难于求解。例如"夜来"表示"昨天",难以用已有的时空映射模式去解释,失去了语义的组构性。

"X来"类时间词都是以空间喻指时间,以具体可感知的运动去映射描述抽象的时间,并且发生转指。这些词人们都已习以为常,体现了隐喻性。

(2)词汇化和语法化一样都存在共存现象、类推现象。

有的词语的词汇化也存在共存现象。例如"先来"在词汇化为时间词语之后,作为状中性的语法结构仍然在语言中存在。有些词语在词汇化进程中存在类推现象。例如忻州有"先来",也有"后来",上海话有"头首来",也有"后首来"。不同方言间也有类似情况,应该承认有类推

---

[1] 以上参刘红妮《词汇化与语法化》,《当代语言学》2010年第1期。

的影响。

（3）从方言"X 来"时间词来看，词汇化与语法化的一些特性并不完全平行。

一是词汇化过程中，固然有的词内部词素边界消失体现溶合性，但有些词内部词素边界还很分明，这些词语词汇化的程度并不一致。例如"晌午者来""夜快来"词汇化后虽发生转指，但两个词素边界的界限很分明，这说明这些词语的词汇化程度还不高。

二是词汇化的结果并不一定体现出语音的弱化。例如甚会儿来 [səŋ⁴² xuər⁴² lai²²³⁻⁴²]、明者来 [mi³¹ tʂɤ³¹³⁻³³ lɛ³¹]、黄昏将来 [xuɔ³³ xuɛ³³ tsɑ³³ lɛ³³] 等词语中"来"的语音并未表现出明显的弱化。

三是"X 来"的词汇化虽然有的成分语义虚化，但有的没有出现语义虚化。例如"晌午者来""夜快来""夜者来"语素就没有发生语义虚化。

"X 来"系列词语中，"来"的虚化程度呈斜坡状：序列时间（如"夜快来""黑将来"）<将来时间（"将后来""落来"）<从 X（起点时间）到现在以前的过去时间（"自来"等）<表示过去的某一时间之前或之后的时间（如"先来""早来""后首来"）<指代性时间（如"甚会儿来"）。

（4）词汇化与语法化有时存在交叉现象。例如"先来""春来"等词汇化的过程也是"来"的语法化过程，"来"逐渐变成一个词缀。而同一个语法化进程，可能会造成一批词语的词汇化。例如伴随着"先来""春来"中"来"的语法化，同时也造成（或伴随着）同类语法结构的词汇化。

4. 小结

从"X 来"时间词中"来"的语义特征看，有的"来"位移动词意义明显，有的意义虚化，有的则无义，属于词缀性质。

从"X 来"词汇化历程看，"X 来"的词汇化存在渐变性、溶合性、聚结性、去理据性、隐喻化现象。与语法化一样都存在共存现象、类推现象。但是在词汇化过程中，虽然发生转指，词内部词素边界却并不一定消失，有的两个词素边界的界限很分明（如"夜快来"）；词汇化中的聚结未必一定导致音系的弱化（如"甚会儿来"中的"来"）；"X 来"词汇化的结果，有的词素语义没有虚化（如"夜快来"）；词汇化与语法化有时存在交叉现象，而且同一个语法化进程，可能会造成一批词语的词汇化。

二 从方言看汉语"来去"类时间词语的隐喻认知问题①

本节要点：考察表明：(1) 方言中"来/去（往）"构成的时间词语采用"时间移动"和"观察者移动"两种隐喻认知方式，而以"时间移动"方式为主。(2) "来去"类时间词语采用何种隐喻认知方式，与该表达式的句法语义结构密切相关。(3) "自今以来"采用的是"观察者移动"认知方式，这一表达式因类推而出现，因与人们的认知经验相矛盾而消亡。(4) 古今"来去"式时间认知方式并无不同。

1. 问题的提出

在人类认知发展的连续体中，空间概念的形成先于时间概念，空间关系及其词语是最基本的，因而最初用于空间关系的词语后来被用来喻指时间等抽象概念。② 张建理（2008：157）指出时间一方面具有流动性和不可逆性（这涉及时间的位移和方向）；另一方面它又呈现出线性序列和顺序关系。人们对时间特性的理解和表达常常需要借助于物体在空间的运动。表示空间位移的基本词语"来"、"去/往"等就广泛应用于时间表达。位移动作"来""去"的参照视角不同："来"是从别的地方到说话人所在的地方，突显的是位移的终点；"去"是从说话所在的地方到别的地方，突显的是位移的起点。"来""去"应用于时间域，也保留了这些特征。

在吸收国内外已有研究成果的基础上，国内一些学者对汉语"来去"式时间表达式进行了深入讨论，例如史佩信先生（2004）关于汉语"来

---

① 本节原文以"从方言看汉语'来去'式时间词语的隐喻认知问题"为题发表于 2013 年《语言研究集刊》第十一辑，拙著（2019）《汉语时空隐喻表达式的历时研究》第五章部分内容与本节相关。这里根据本书体例调整了格式，同时，恢复了原刊物因为版面篇幅限制删略的内容，增补了一些方言及汉语史材料，修正了个别观点。

② 赵艳芳：《认知语言学概论》，上海外语教育出版社 2001 年版，第 48 页。

去式"隐喻方式的论述就具有代表性。

第一种隐喻方式是时间移动式。在这种隐喻方式中,未来的时间不断地向我们奔来,向我们靠拢;经过我们以后,日子不停地离我们远去,是为过去的时间。例如"将来""来年""去年""往日"等。

第二种隐喻方式是物质世界移动式。在这种隐喻方式中,物质世界在时间轴上移动,而说话人与时间轴的相对位置不动。物质世界移动的方向,与时间轴本身的方向正好相反。根据物质世界的移动方向是指向说话人还是离开说话人的不同,人们分别采用"来"或"往"等不同说法。他特别指出,在这种时间表达式中,"来"类表达式一般有一个起始时间 X_1,采用"(从、自、由)X_1 以(而)来"这样一种说法,终止时间是说话人所处的时点,如"自是以来";如果用"往",必须以说话者所处的时间点 X_2 为起始点,所指的时间从起点向未来方向移动,如"自今以往"等。

张建理(2003)、刘甜(2009)等也对"来去"表达式的认知问题进行过深入讨论。应该说,学界对"来去"类时间隐喻表达式的认知理论探讨已经相当深入。但我们认为还有一些问题值得讨论。

(1)"来""去"能出现在两种隐喻方式中,那么制约它们出现的条件是什么?为什么"来年""将来"等要采用一个视角,而"自 X 以来""自 X 以往"等采用另一个视角?现代汉语共同语中的"来去"类时间词语都表示相对时间,但是汉语方言中有不少"来"类词语却与过去、将来无关,如"夜快来"(黄昏)、"晚黑来"(晚上)等。这些现象如何解释?

(2)汉语史上既有"自今以来",也有"自今以去""自今以往",它们都表示将来。它们采用哪种时间隐喻方式?为什么会有这样矛盾的表达式?为什么"自今以来"这样的表达式会消失?是否如有的人所说,是古今认知时间的方式有变化?

我们认为目前对汉语时间表达的认知分析大都是建立在对普通话语言事实基础上的,无视汉语史尤其是现代汉语方言丰富的材料,这不能说不是一个遗憾。中国幅员辽阔,各地方言差别很大。一般认为,现代汉语方言的形成是多层次多来源的,与古代汉语有着密切的联系。我们觉得,必须把汉语史、汉语方言、共同语三者结合起来全面考察,才能更接近事情真相。大型辞书《现代汉语方言大词典》《汉语方言大词典》,以及数量众多的方言论著都收录了大量有关时间概念的词语，这为我们的综合考察提供了可能。

本节详尽考察汉语方言中"来""去/往"类时间词语，结合现代汉语共同语、汉语史，对汉语"来去"类时间词语的认知问题作全面考察，以期得出较为全面的认识。

2. 方言中"来""去""往"构成的时间词语

应该指出，方言时间词语中"来""去""往"的语法性质并不一致。它们的性质可根据与之结合的另一语素 X 的情况来判定。如果一个词语的意义基本由 X 承担，去掉"来""去""往"不改变主要意义，则"来""去""往"为词缀，因其词义减弱或消失，不能体现由空间域到时间域的映射。如果与 X 结合的"来""去""往"意义较实在，需要与 X 配合成义，那它们是词根，能反映由空间域到时间域的映射，体现时间认知的特点。

（一）"来"类时间词语

（1）"来"属于词缀

表过去：夜来_{昨天}、夜来个（科/格）_{昨天}、夜夜来_{昨晚}、黑来个儿_{昨晚}、夜黑来_{昨晚}；① 昨来_{昨天}、头年来_{去年}；先上来_{原先；原来}、原来_{起初；从前；原先}、早来_{从前}、头来_{早先}、初上来_{开始的时候}、头首来_{当初；开头}、先来_{刚才}、后来② _{过去某一时间以后的时间}、后边来_{后来}、后半来_{后来}、后慢来_{后来}、后自来_{后来}、后息来_{后来}、后头来_{后来}、后首（手）来③_{后来，指在过去某一时间之后的时间}、后晚来_{后来}、压末来_{末了；最后}、后末来_{后来}。④

---

① 伍铁平（1993）指出不少语言和方言中表示"昨天"的词同表示"晚上"的词相同或有派生、同源关系，如威海、即墨、太原、忻州等地把"昨天"说成"夜来"或"夜儿"，西安话"昨天"说成"夜个"，北京话用"夜儿""夜儿个"表示昨天等。另外，《现代汉语词典》（2005 版）为词条"夜来"标注<书>，不妥，当改为<方>。

② 梁银峰（2009）认为汉语史上"后来"由状中式偏正短语直接词汇化而来，是。方言中"先来""后来"的"来"都已词缀化，"后来"表示的是过去某一时间之后的时间。

③ 按，许多方言中"后首"是时间词，表示"后来；以后"，指在过去某一时间之后的时间。在东北方言、中原官话、兰银官话、江淮官话、西南官话、吴语等都有。参许宝华、宫田一郎（1999：2086）。

④ 现代汉语共同语中表示过去的"X 来"时间词有"古来、本来、比来、迩来、近来、历来、年来、日来、素来、向来、原来"等。凡《汉语方言大词典》《现代汉语方言大词典》未收的，本节不列出。

表将来：将后来_将来①、赶明儿来_明天、明来_明天。

表序列时间：清起来②_早晨;清晨、侵起来_早晨、明者来_黎明的时候、晚黑来_晚上、黑来_晚上；春来_春天、秋来_秋天、夏来_夏天、小来_小的时候、老来_老年时、大来_长大以后。

表指代时间：甚会儿来_哪会儿;什么时候、那当来_那时、那空来_那会儿、这当来_这时候、这空来_这会儿。

（2）"来"属于词根，有具体意义

表示将来：

"来X"：来日_明天,次日、来早_明天早上;明天、来年_明年;以后若干年、来年子_明年、来晏_明天中午、来晚_明天晚上、来朝_明天;明天早上、来后_后来,以后、来下年_明年、来年_明年、来日_将来、来生、来世。

"X来"：将来_现在以后的时间、讨来③_将来、落来④_将来,日后。

表示过去：X以来、X（以）来、一来_一直以来、自来。⑤

表序列时间：晌午者来_午前、夜快来_傍晚、黄昏将来_傍晚、黑将来_傍晚、黑者来_傍晚,指日落以后星出以前的一段时间、黑障来_黄昏。⑥

（二）由"去"构成的时间词语

由"去"构成的时间词语，"去"都有具体词义。

（1）"去"表示过去

"去X"：去年、去年个、去年子、去年囇、去年暝（冥）、去年个儿、去年辰崽、昨去年。以上都表示去年。

"X去"：年去_去年、过去_现在以前的时间。

---

① "将后"本身即表示将来的意思。

② 按，在徐州方言中"清起（来）"中"来"可说可不说，又，山西襄汾也作"清起里"，可证"来"义虚化，主要意义由"清起"充当。

③ "讨"在建瓯有"将要"的意义。参李荣（2002：3327）。

④ "落"在温州有两个意义：下、下去。参李荣（2002：4205）。"落来"的构词方式与"将来"相同。

⑤ 从历史来源看，"X（以）来、自来"中的"来"词义较实在。在现代汉语中，因为一般人并不熟悉它们的发展历程，词语内部变得不可分析，有人把它们都看作附加式合成词。

⑥ 我们说这些语词中的"来"尚未虚化，是因为"晌午者来"表示"午前"、并不是晌午的意思；"夜快来"是"傍晚"的意思，而不是"夜晚"义，可见其中的"来"有较为明显的位移义。余类推。

（2）"去"用于表未来

从耶去_{从此以后；从这边走}、以后去/朝后去_{往后，从今以后}、耐下去_{往后，从今以后}①、落去_{往后、以后}②。

（三）由"往"构成的时间词语

由"往"构成的时间词语，"往"都有具体词义。

（1）"往"表示过去

"往X"：往天_{往日；过去}、往日_{以前的日子；过去}、往两日、往日家_{往常}、往年家_{以往的年头}、往年_{从前，过去}、往年个_{往年，前几年}、往年子_{往年，前几年；以前}、往年（时）_{以往的年头}、往年暝_{往年}、往先_{从前，过去}、往时_{从前，过去}、往常_{过去的一般的日子}、往夜_{往日的晚上}、往早_{以往}、以口早_{从前}③、往早年_{往年}、往每年、往常天_{往日，往常}、往常年_{往年；从前，前几年}、往常时_{平昔，往常}、往常日脚_{泛指过去的日子}、往年子家_{往年，过去}、在往前_{以往}、往过_{从前，过去、上回}、往回_{上次，往常，从前}、往回子_{往回，过去，前几次}、往回家_{以往，过去，前几次}、往帮_{以前}、往转_{过去，以往}、往次_{往常，从前}、往摆_{昔日，旧时，前次}、往摆子_{以前}、往阵时_{过去，以往，以前}、往阵、往查儿_{过去，从前}。

"X往"：过往_{过去}、以往_{过去}。

（2）"往"表示未来

表示未来只有"往后"。如：往后、往后起、在往后。④

"往后"有时出现在"从……往后"格式中。如：

从今往后_{从今以后}、从这往后_{从此以后}、今此往后_{从此以后}。

据王云路先生（2010：290—295）考察，"X来"类时间词语在中古形成并发展，时间词后缀"来"也在此期形成。"来"成为词缀后，其位移意义消失，可以附在其他词语后表示时间。因此，要考察"来/去/往"类时间词语的隐喻认知方式，应剥离"来""去"等作为词缀的用法。

以上方言时间词语表明，"去""往"词汇意义较强，都属于词根；"来"则既有词根，也有词缀，而词缀均出现于"X来"格式中。考察以上非词缀的"来""去""往"类词语，我们发现"来"表示将来可出现

---

① 上海。如现在已经秋天，~越来越冷勒。
② 金华。下去；往后、以后。
③ [uoŋ²²⁻³⁵ naŋ²² ʒa²² (ts-)]。福州。
④ 有趣的是，属于胶辽官话的山东牟平用"往前久远"表示"将来、以后的日子"。而徐州表示从今以后可以用"往后"，也可以用"往前"。这反映出"前""后"不同的认知视角，与"往"无关。

在"来X"和"X来"格式中;"来"表示过去仅出现在"(自/从)X(以)来"及其省略式"一来""自来"等词语中;"晌午者来""夜快来""黄昏将来""黑将来"则表示序列时间(一天中的某一时间)。"去""往"基本表示过去时间,只有极少数表示未来,如"往"只有"往后"表示未来。

3. "来去"类时间词语的句法语义结构与认知方式的关系

(一)关于"来""去/往"类时间表达式的认知方式

Lakoff 指出,当观察者固定不变,时间为相对于观察者的移动物体(即"时间在动"),此隐喻的蕴涵为:如果时间2位于时间1后,那么时间2相对于时间1而言处于未来;当时间是固定的场所,观察者相对于时间而移动(即"观察者在动"),则该隐喻的蕴涵为:时间有范围(extension),且可以度量,一个时间段就如同一个空间,可被看作一个有边界的区域。[①]

结合方言以及现代汉语、古代汉语语言实际,我们赞同史佩信等先生的相关论述,即汉语中"来""去""往"类时间词语体现了"时间静止,观察者移动"(即史佩信先生所说"物质世界移动式")、"观察者静止,时间移动"两种隐喻方式。

(1)表过去时间的"(自/从)X 以来"结构及其缩略式"一来""自来""从来"等;表将来时间的"从耶去""以后去/朝后去""耐下去""落去""往后""从今往后/从这往后/今此往后"等,都采用"时间静止,观察者移动"认知方式。这种认知方式中,观察者移动,时间是静止的有边界的区域。观察者想象着从过去面向现在或从现在面向未来移动(或者从相对前时走向相对后时),呈现出历程特征。

(2)表示将来时间的"来日、来早、来年、来晏、来晚、来朝、来下年、来年子"、"将来、讨来、落来"等;表示过去时间的"往天、往日、往年、往回、以往、过往""去年、去年暝、过去"等,都采用"观察者静止,时间移动"隐喻方式。这种隐喻认知方式中人们感觉时间从将来经现在流向过去,这时向我们迎面而来的是将来,离我们而去的是过去,凸显时间的流动性和顺序性。

[①] 参 George Lakoff. *Contemporary Theory of Metaphors*, *Cognitive Linguistics Basic Readings*, Dirk Geeraerts 主编,邵军航、杨波译,上海译文出版社 2012 年版,第 215—216 页。

值得特别注意的是，方言中有一类时间词语虽然也采用"时间移动"隐喻方式，但与过去将来无关，这种隐喻体现的是时间的序列性。① 例如"晌午者来、夜快来、黄昏将来、黑将来、黑者来、黑障来"等。这些词语都是指称时间的位移，回答的是"什么时候"，运动主体本身就是时间。时间是一个个不同阶段的个体的有序排列，依次从观察者面前流过，周而复始。观察者不参与位移，既不是参照点，也不是位移主体，如同一个看戏的观众。如"夜快来"就是夜晚快到之前时间——傍晚，以事件转指时间。这里"时间移动"的"时间"有时表现为这个时间的特征，例如晚上的特征是"黑"等，"黑将来"就是黄昏、傍晚。因为它们是以事件转指时间，突出事件和时间的相关性，我们认为这一表达式也体现了转喻认知模式，是隐喻与转喻的统一。

可见"来/去"式时间表达式所体现的"时间移动"与"观察者移动"两个譬喻并不能形成时空隐喻的整体呼应关系，但能形成整体相合关系。即"时间移动"凸显时间的顺序性，"观察者移动"则凸显历程性和范围性。

（二）句法语义结构与认知方式的相互关系

考察汉语方言、现代汉语共同语及汉语史上"来""去/往"类时间词语，可以发现它们的句法结构与语义关系有相当整齐的对应规律，句法结构语义关系也与认知方式的选择直接相关。

（1）定中结构，"来""去/往"做定语，中心语为时间成分。"来"用于将来，"去/往"用于过去。例如：

来日、来早、来年（子）、来晏、来晚、来朝、来后、来下年、来年、来日、来生、来世；去年（个/子）、去年曾、去年暝、去年个儿；往天、往日、往两日、往日家、往年（家/个/子）、往年（时）、往年暝、往先、往时、往夜、往早、往过、往回、往转、往次、往阵时、往阵等。

---

① 按，笔者写作这篇发于2013年的《从方言看汉语"来去"式时间词语的隐喻认知问题》一文时，并未看到张燕（2013：15）的对"时间序列"隐喻的介绍。笔者从方言中观察到的现象和分析与Núñez和Sweetser（2006）的理论暗合。虽然我的理解和表述与他们并不完全相同。Núñez和Sweetser提出的"时间序列"隐喻指的是以某个时间单位为参照点，反映几个时间单位的顺序。即在"时间序列"隐喻中，关注时间单位的先后顺序，无须考虑时间是否运动，无所谓"将来""现在""过去"时间。关于"时间序列"隐喻请参本书前言部分对张燕（2013：15）的介绍。

(2) 状中结构有两种情况。

一是状中结构中状语表位移的已然或未然情状，位移动词"来"用于将来，"往"用于过去。如：将来、讨来、落来；以（已）往等。

二是状中结构中状语表示位移的起点。"来"用于过去，"去""往"用于未来。例如：

X 以来、X（以）来、一来一直以来、自来；从耶去、以后去/朝后去、耐下去、落去；在往后、从今往后、从这往后、今此往后等

这类结构式的起点有时隐含，例如"往后"实际上隐含了位移的起点"今"，因此也可以看作状中结构。

(3) 主谓结构，"来"用于表示序列绝对时间。如：

晌午者来、夜快来、黄昏将来、黑将来、黑者来、黑障来

此外还有并列结构"过往""过去"，表示过去时间。

上述情况表明"来去"类时间词语的句法结构与语义关系对采用何种认知方式有密切关系。

有的结构式明确出现了位移主体。有的位移主体出现于主语位置，如主谓结构（谓语部分是状中结构，如"夜快来"等）；有的位移主体出现在定中结构的中心语位置。这两类结构式的位移主体就是时间，当然采用"时间在动"的时间认知方式。

有的结构式没有出现位移主体，例如并列结构、状中结构。

并列结构"过去""过往"，各有两个先后相续的位移动作，位移主体经过观察者之后离开，位移主体不是观察者，当然也是采取"时间在动"的认知方式，表示过去时间意义。

状中结构有两类。状语表示已然或未然情状的那一类，整个结构表明的是位移的状态。状语及位移动词的关系以及"来""去"自身的语义特点决定了该结构采取"时间在动"的认知方式：位移主体尚未到达说话地，动作尚未实现，是为"未来、将来、落来"等；位移主体已经离开说话者，是为"以（已）往"。

而状中结构状语表示位移的起点的那一类，"自/从 X（以）来""从

这往后"等，该表达式凸显的是位移起点和位移方向。因为起点是固定不动的时间，移动的主体当然是观察者。观察者想象着从起点开始移动。因而该结构采用的是"观察者移动"认知方式。如果终点是说话时间，那么"自X以来"表达的就是从X到说话时间为止的过去时间段；[①] 如果起点是现在"今"，则"去/往"的语义特点决定了"自今以去/从今往后"等表达的是将来的时间。

讨论"来去式"时间表达式，一个绕不过去的问题是古汉语中"自今以来"、"自今以去"同表将来时间的问题。我们不赞同史佩信、刘甜等先生认为汉语史上"自今以来"表达式是"时间在动"认知方式的观点。因为"自今以来"没有理由与同类结构的"自X以来""自X以往"采用迥然相反的认知方式。

我们认为"自今以来"与其他"自X以来"一样，采用的都是"观察者移动"认知方式。观察者想象着从"今"出发，向相对后时移动，此图式中凸显的是起点时间"今"，而其相对后时当然只能是将来了。所以这个表达式虽然用的是"来"，但表达的却是将来时间。我们可以把这一格式看作"（自）X以来"的特例。江蓝生先生（1984）也指出，"若特指其起点，则'以来'就相当于'……时'；若强调以某时为起点，则'以来'含有'……之后'之义"。不可否认，这一表达式中移动的起点是"今"，与"来"的语义不符，于逻辑有抵牾之处。

可见，一个表达式采用何种认知方式，与该表达式的句法结构有关，也与该表达式内部成员的语义关系相关。

4. 关于古今"来去式"时间认知方式的异同

史佩信（2004）、刘甜（2009）指出在共同语中"来"表过去在表达形式上比较受限，他们的观察是正确的，方言中也体现出这一特性。我们注意到，在现代方言中这种"来"表过去、"去/往"表将来的时间表达式是有严格限制的。

一是严格说来，如前所析，体现这一认知方式的表达式只能出现在有起点且有明确位移方向的状中式时间表达式中（有的起点隐含或模糊）。如"X（以）来""一来""自来"都有或明确或模糊的起点，从起点到说话时间；"从耶去""朝后去""往后"等则以说话时为起点，从说话

[①] 参何亮《中古汉语时点时段表达研究》，巴蜀书社2007年版，第107页。

时走向未来。

二是应用这种认知方式的词语数量极为有限。方言中"来"类只有"一来""自来"等（应是从"……以来/来"缩略而成。另外，汉语史上形成的附加式"X来"类词语中"来"的位移义已消失，不能反映时空隐喻）；"去/往"类只出现在"从/朝…去""从/自X往后"等框式结构及其省略式中。

可见，这种"来"用于过去（相对前时）、"去""往"用于未来（相对后时）的表达式是受限的、不自由的。史佩信先生（2004）正确地指出，"无论'前后式'还是'来去式'，只有一种隐喻方式是基本的，另一种方式只起辅助或补充作用，是一种有标记的方式，人们在理解中能够加以分辨。"方言"来去"类时间词语完全证明了史佩信先生的观点。

那么在汉语史上情况怎么样呢？有研究者（刘甜，2009）认为："如果从历史发展的角度观察，在中古可能存在着两种认知来去式的时间认知模式，但随着语言的发展，现代汉语只以一种认知系统为主，即带'去'的词语表示过去的时间，带'来'的词语表示将来的时间。"

我们认为"来去式"的认知方式，中古与现代是一致的，并未发生改变，都是一种为主，另一种为辅。

我们先看看中古时期"来/去/往"类时间词语的使用情况。

"来"类时间语词有"来X"和"X来"两种形式。

何亮（2007）对中古汉语双音节"X来"类时间语词进行了详尽考察，"来"类时间语词主要有：年来、今来、古来、昔来、秋来、朝来、夜来、晚来、间来、昨来、少来、向来、比来、顷来、近来、尔来、适来、由来、从来、方来、将来、后来、当来、聿来、未来、甫来、失来、亡来、死来、学来、汉来、宋来等。

中古"来"表示将来的时间词有"来岁、来年、来世、来日、来月、来兹、来夏、来秋、来劫、来祀、来生、来晨、将来、方来、未来、当来、甫来、甫当来"等。可见能与"来"搭配的词语广泛且不受形式限制，既有"来X"也有"X来"形式。关于中古"来"表示过去的时间词语，我们知道，"（自）X以来"表从过去某时至说话时间这一用法从先秦沿用至今〔"自今以来"是"（自）X以来"的一个特例〕；此外，中古汉语还广泛使用"X来"形式表示过去时段（如"亡来七日""学来积年""江左来无禁也"等,"来"是过去时段标志词),而这种"X来"是"(自)X以来"的缩略式;① 中古出现的表过去的"间来、昨来、比来、顷来、近来"等时间词,据梁银峰(2009)、王云路(2010:295)、董秀芳(2011:209—295)、何亮(2006)等研究,这些词中的"来"或是词缀,或是从"(自)X以来"缩略而成。何亮(2007)进一步指出中古时期双音节"X来"类时间语词有三种类型:"未然性副词成分+来"体现"时间在动"的强势时间认知方式,"来"的位移义具体实在。"起点性表时成分X+来"源自"自X以来"格式,体现"观察者在动"的时间认知方式,"来"获得时段标志意义。"显性时间义成分+来"出现于"来"发展为词缀之后。

就是说,在中古出现的表过去的"X来"时间词语中,如果"来"是词缀,则"来"的位移意义已消失,不能由此分析其时间认知模式;如果这个"X来"是从"(自)X以来"缩略而成,则它表示过去时段的用法自古皆然。

中古时期"往""去"表将来只出现在"自今以往/自今以去"格式中。而"往""去"表过去有"往岁、往者、往昔、往古、往年、往日、往时、往世、往代、往载、往秋、去春、去夏、去秋、去冬、去月、去岁、去年、去昔"差不多19个,足见"往""去"表过去是主要用法。②

就是说,在中古汉语时期,除了"(自)X以来"及由此缩略而成的"X来"表过去时段外,具有位移意义的"来"不出现在表过去的语词中,"来"主要用以表示未来;除"自今以去/往"外,"去/往"不出现在表将来的语词中,一般只用于表示过去。可见,中古汉语"来去"类时间表达式采用"时间在动"和"观察者在动"两种认知方式,而以"时间在动"为主。

对比中古和现代"来/去/往"类时间词语的使用情况,可知"去""来"表达时间的用法古今并无二致,"来去"式时间表达式的采用的隐喻认知方式并无不同,古今汉语都以"时间在动"的认知方式为主。

至于颇具中古特色的"自今以来""自今以往"这类格式的消亡,我们觉得有几个方面的原因。

---

① 参何亮《中古汉语时点时段表达研究》,巴蜀书社2007年版,第80页。
② 参何亮《东汉至隋三时时点表达考察》,《语言科学》2006年第6期。

首先，因为"自今以来"这一表达式不符合人们的认知习惯。"来"是从别处到说话处来，可这里"别处"就是说话处，这显然有点不合逻辑。我们猜测，"自今以来"是受语言中广泛使用的"自X以来"格式影响而类推出来的、在当时约定俗成的习语。不合逻辑却在语言实际中广为流行的例子比比皆是，例如"差一点没摔到"与"差一点摔倒"，看似一对矛盾体，却能表示着同样的意义。但是那些不合逻辑的表达式终因与人们的认知经验相矛盾，有一些最终会走向消亡。

其次，我们认为与语言的经济性原则有关。已有的研究表明，在中古时期以现在为起点，指从今以后的时间，按时间方位词的不同主要有以下几类。

"以后/之后/后"类：自/于/从今以后、而今以后、自今之后、自今而后、自今日后；"去/以去"类：从今去、从/自今以去；"以往"类：自/从今以往、今日已往；"来/以来"类：自/从今以来。①

我们认为，同义格式过于复杂累赘，不符合语言经济性要求，因而表义更为明确的"从今以后"逐渐统一了其他的各种格式。不是这种"来""去"式认知方式的衰落消失。

5. 结论

全面考察现代汉语方言"来""去/往"式时间词语，结合现代汉语共同语、汉语史，对"来""去/往"式时间词语进行比较、分析，可以看出：

（1）虽然同是以空间隐喻时间，但"来""去""往"所反映的"空间—时间"的隐喻无法靠单一整体呼应意象（single consistent image）统合。不过它们具有整体相合性（the coherence）。具体来说就是：

"来""去""往"由空间域映射到时间域，采取"时间移动""观察者移动"两种方式，而以"时间移动"为主。"时间移动"凸显时间的顺序性，"观察者移动"凸显历程性和范围性，二者形成了整体相合关系。同样是"时间移动"隐喻认知方式，方言中"夜快来""黑将来"等的观察者置身于位移之外，仅仅是一个旁观者，因而这一表达式与过去、将来无关。

（2）主谓结构、定中结构的"来去"类时间词语，因为位移主体就

---

① 参何亮《中古汉语时点时段表达研究》，巴蜀书社2007年版，第156页。

是时间,因而体现了"时间移动"认知方式;而位移的情状、位移的参照点、位移方向也会决定该表达式采用何种认知方式。可见一个时间表达式采用何种时间认知方式,与该表达式的句法语义结构密切相关。"来去"类时间词语证明了认知语言学的基本观点,即句法结构与人的认知经验之间有联系。

(3)"自今以来"等表达式表明,句法结构与人的认知经验之间的联系是复杂的,甚至可能以矛盾的形式出现。因为语言表达式相对有限而认知经验相对无限,一种语言表达式往往同时受到多种认知经验的制约。"自今以来"就是这样,它的出现是受到人们习用的表达格式的影响,因类推而出现,但是终因与人们的认知经验相矛盾,还是走向了消亡。

(4)对比中古和现代"来/去/往"类时间词语的使用情况,"来""去""往"所体现出来的时间隐喻认知方式古今并无二致。可见一个民族的认知心理一经形成,将是稳定不易改变的。

三 《汉语方言大词典》时间词收词释词商补

本节要点:《汉语方言大词典》所收方言时间词语,存在少量引用书证失误、收词不当、词性标注失误、强生分别等问题。

许宝华、宫田一郎主编、中华书局 1999 年出版的《汉语方言大词典》(2020 年出版了修订本)兼收古今汉语方言词语 30 多万条,引用古今各类文献 1200 多种,体现了汉语方言词汇研究的最重要成果,成为汉语词汇研究者及汉语方言研究者的必备工具书,为广大学人提供了极大的便利。但笔者发现,该辞书部分词条有可商榷之处,即以该辞书所收时间词语而言,就存在少量引用书证失误、收词不当、词性标注失误、强生分别等问题。

1. 素闲

《汉语方言大词典》第 4567 页(修订本第 3982 页)"素闲"条:<名>平日;素日。晋语。山西文水。金董解元《西厢记诸宫调》卷一:"西洛张生多俊雅,不在古人之下。苦爱诗书,~琴画。"

此处所引书证理解有误,此处"素闲"不应理解为时间词语。"素"

为"平日","闲",亦作"閒",通"娴",乃"熟习"之义,"素闲"谓"平素熟习"。

从引例的结构看,"诗书"与"琴画"相对,均为名词,"苦爱"为偏正式动词词语,"苦爱诗书"为动宾结构短语,"素闲琴画"也应为动宾结构。从意义看,"素闲"释为"平日",与"琴画"不能搭配,于义不通。

按,"闲"通"娴"古书习见。《说文·女部》段玉裁注:"娴古多借闲为之。"①《荀子·修身》:"多见曰闲,少见曰陋。"《战国策·燕策二》:"闲于兵甲,习于战攻。"北魏杨衒之《洛阳伽蓝记·景兴尼寺》:"吾不闲养生,自然长寿。""闲"均通"娴"。前人注疏也指明了这一点,如《诗·大雅·卷阿》:"君子之马,既闲且驰。"郑玄笺:"闲,习也。"《荀子·王制》:"顺州里,定廛宇,养六畜,闲树艺。"王先谦集解引王念孙:"《尔雅》:'闲,习也。'谓习树艺之事也。"②

又,即以"素闲"("素娴")表"平素熟习"而言,也所习见。如:

(1) 宁远将军守右卫彭池府右果毅都尉张元福,素闲武略,兼有吏能。(《全唐文》卷二百四十二)

(2) 昔霍骠骑不读兵书,犹言暗合;项将军素闲兵法,亦叹天亡。(《全唐文》卷三百六十九)

(3) 太后明习政事,能用善谋。素娴军旅,澶渊之役,亲御戎车,指麾三军,赏罚信明,将士用命。(《续资治通鉴》卷第二十八)

2. 闲在了

《汉语方言大词典》第2857页(修订本第2501页)"闲在了"条:<名>空闲的时候。官话。陈纪滢《华夏八年》"等~,我再跟你好好儿说说这上下连本《三女性奔向自由记》的故事。"

按,此条不当收。且"闲在"应是一个谓词性成分,其后的"了"

---

① 参段玉裁《说文解字注》,上海古籍出版社1981年版,第620页。
② 参汉语大字典编辑委员会《汉语大字典》(第二版),四川辞书出版社2010年版,第4363页。

是证明。一个事件（表现在句法上是谓词性结构或是一个叙述句），总是有时间因素的，因为一个事件、一个动作总是与现实世界发生联系，它必然存在于一定的时间、空间中，所以时间性是动作行为的必有特性，因而这也是一个谓词性结构能为其他事件提供时间参照的原因。在一个谓词性结构为其他事件提供时间参照时，它实际上就相当于一个时点。① 此处"闲在了"虽然相当于一个时点，但它本身不能作为一个表时间的词条，因为"×了"中"×"是可以无穷尽替换的，例如可替换为"空闲了/有空了/有闲了/不忙了/……"。

3. 明当

《汉语方言大词典》第 3381 页（修订本第 2956 页）"明当"条：<名>明朝；明天。古方言。唐张彪《古别离》诗："纵知明当返，一息千万思。"

《汉语大词典》亦释"明当"为"明天"。②

按，"明当"似可看作"明日当"的省略。"明"指"今之次，下一个（专指年、月、日）"，③ 可表示"明天"，"当"乃"将""应""要"的意思，合起来是"明天将要"。理由如下。

其一，通过检索大型电子语料库，所有可释为"明天"之"明当"，几乎均可释为"明日将要"之义。如：

（4）高祖诏曰："太妃韩氏薨逝，情以伤恸。太妃先朝之世，位拟九嫔，豫班上族，诞我同气。念此孤稚，但用感恻。明当暂往临哭，可敕外备办。"（北齐·魏收《魏书·献文六王·赵郡王传》）

（5）元宝弟胤宝，司隶校尉。元宝又进爵京兆王。及归而父遗丧，明当入谢，元宝欲以表闻。高宗未知遗薨，怪其迟，召之。（北齐·魏收《魏书·外戚列传·杜超传》）

（6）昔有一人，夜语儿言："明当共汝至彼聚落，有所取索。"（萧齐·求那毗地《百喻经·与儿期早行喻》）

（7）八月二十六日夜，梦定录、保命来见告云："明当复往东华，过司命间，既是天事，不复得同，当更为访韩侯，论尔不更回异

---

① 参何亮《中古汉语时点时段表达研究》，巴蜀书社 2007 年版，第 82 页。
② 参罗竹风主编《汉语大词典》第四卷，汉语大词典出版社 1994 年版，第 613 页。
③ 参罗竹风主编《汉语大词典》第四卷，汉语大词典出版社 1994 年版，第 595 页。

不。"（南朝梁周子良、陶弘景撰《周氏冥通记》）

其二，"明"表"明天"，古籍用例不少。如：

（8）（竺法镜）明食时往，（张应）高座之属具足已成。闻应说梦，遂夫妻受五戒。病亦寻差。（《古小说钩沉·荀氏灵鬼志》）

现代方言亦有"明"表"明天"的，如属于胶辽官话的山东牟平，属于中原官话的河南密县，属于晋语的山西岚县、石楼、静乐等。①
"当"表"将、将要""应"等则例多不举。
其三，有"明将"表"明日将"的用例。如：

（9）孙峻因民之多怨，众之所嫌，构恪欲为变，与亮谋，置酒请恪。恪将见之夜，精爽扰动，通夕不寐。明将盥漱，闻水腥臭，侍者授衣，衣服亦臭。（《三国志·吴书·诸葛滕二孙濮阳传》）

其四，自东汉译经以降，"明日当"用例极多，仅举两例以说明。

（10）真妃少留在后，而言曰："冥情未攄，意气未忘，想君俱咏之耳。明日当复来。"（《真诰·运题象第一》）

（11）今既不赦我曹，而欲解兵，今日解兵，明日当复为鱼肉矣。（南朝·宋·范晔《后汉书·陈王列传》）

与"明日将"省略为"明将"相似，因为音节节律的需要，或受词汇双音化趋势的影响，在不影响理解的前提下，"明日当"省略成了"明当"。
4. 记
《汉语方言大词典》第1429页（修订本第1259页）"记"条：<副> 一会儿。吴语。浙江温岭 [tɕi³³] 你先慨，我伊等～再慨你先去吧,我们等一会儿再去。
按，此处标为副词不妥，副词不作宾语，此处"记"作"等"的宾

---

① 许宝华、宫田一郎：《汉语方言大词典（修订本）》，中华书局2020年版，第2956页。

语，应看作名词性成分。标"记"为副词，既与它的用法相悖，也导致该书体例前后不一，如下例"盘"同为"一会儿"，却标为名词。

5. 盘

《汉语方言大词典》第 5598 页（修订本第 4884 页）"盘"条：<名>一会儿。西南官话。贵州沿河 ［p'an^{21}］我们去打~羽毛球。

按，此处"盘"释为"一会儿"，标注为名词，前面"记"亦为"一会儿"却标作副词，前后不一致。且仅凭此用例无法说明"盘"是名词"一会儿"，把"盘"看作动量词"场""次"又有何不可？类似的用法在赣方言也有，如江西彭泽县就可说：我刚刚打了一盘羽毛球。这个"盘"就是"场""次"之义。

6. 长远

《汉语方言大词典》第 863 页（修订本第 759 页）"长远"条：<形>时间很长（指过去的时间），吴语。

按，大词典认为"长远"指过去的时间，属于强生分别。从大词典所举的例子看，这些例子并不能说明"长远"只用于指过去的时间。这些例子中的"长远"均只是表明动作（事件）持续的时间，并没有起到限定这些动作（事件）发生在过去的作用。例如"我教书教勒~勒""~勿见""小唐好像~没有来了"等只是限定"教书""勿见""没有来"这些动作持续的时间长。而"久曰~""~，俗言久也"等更是表示时段，与事件发生在过去、现在或未来无关。

而 2002 年出版的《现代汉语方言大词典》在"长远"这一词条上，也存在同样的问题。《现代汉语方言大词典》第 2007 页，在收录牟平、绩溪、上海、苏州、宁波等地"长远"词条时，都释为"指时间很久"，没有强分为"指过去的时间"。但是在收录银川、杭州的词条"长远"时，一个义项是"长久；很久（指过去的时间）"，另一个义项是"时间很长（指未来的时间）"。在收录崇明的词条"长远"时一个义项是"很久（指今天以前）"，另一个义项是"时间很长（指未来的时间）"。

一个词既可以用于过去，又可以用于未来，都表示"时间很长"与"很久"，说明这个词是表示时段的词语，没有必要再强加分别是用于过去还是未来。原因很明显，"长远"只是表明动作（事件）持续的时间长，而与这动作（事件）发生在过去还是未来无关。

结　语

　　有学者指出，理想的描写应当是在相关理论的指导下来梳理和归纳某些相关的语言事实，通过科学的解释，在貌似互不相干的材料之间归纳出贯穿其中的内在统一性特征；理想的解释是在充分描写语言事实的基础上，对相关的现象及内在关系提出合理的解释，并且最终得到形式的验证。[①] 本书就是在相关语言理论的指导下，对方言中纷繁复杂看似混乱毫无规律的时间词语进行梳理，归纳其中的内在特征，从而发现一些规律。

　　如果以时点时段来区分[②]，本书的考察重点落在方言时点词语上面。既有基于当前基准的与"三时"有关的时间词语，也有基于习惯基准表示季节、日期、时刻的时间词语。[③]

　　基于当前基准的时间词语的研究主要有以下内容。

　　(1) 考察汉语方言［昨天］［今天］［明天］时间的表达系统，可知汉语方言［昨天］［今天］［明天］分布最广的几种表达类型是："昨+词缀""昨+DAY 义成分""夜晚义成分""昨+夜晚义成分"；"今+词缀""今+DAY 义成分"；"明+词缀""明+DAY 义成分""早晨义成分""明+早晨义成分"。通过考察汉语史相关词语的发展，推断它们分别源于古代三个表达系统："昨日、今日、明日"系统；"夜晚义成分+日、今日、早

[①] 陈忠：《认知语言学研究》，山东教育出版社2006年版，前言第5页。

[②] 关于时点时段的界定，参何亮《中古汉语时点时段表达研究》（巴蜀书社2007年版，第14页）。简言之，时点的主要功能是对时间进行定位，表示时间的位置；时段的主要功能是对时间进行定量，表示时间的长短。

[③] 习惯基准指人们为了推算和指定时间的位置顺序而人为规定的标准，从而表示年份、季节、月份、日期、时刻等的时间序列；当前基准指以说话时间为基准点所确定的"三时"，并由此确定它们的相对位置。在此基准点之前为过去时间，之后为未来时间。参李向农（1997：11—15），何亮（2007a：12）。

晨义+日"系统;"昨朝、今朝、明朝"系统。"昨+夜晚义成分""明+早晨义成分"则是不同表达系统融合的结果。

(2) 对汉语方言"今日"前后四日时间表达的词语类型及其来源的考察表明,汉语各方言[今日之前的第二天]与[今日之后的第二天]属于基本概念范畴。汉语方言中其他"今日"前后四日的时间表达词形主要有"前-""后-""大-""外-""上-""先-""位移动词-"等类。"前-""后-""大-""外-""上-"类词语是"前""后""大""外""上"由空间域向时间域隐喻映射的结果;"位移动词-"类体现了"时间静止,观察者穿越该时间参照点"的时间认知。

基于习惯基准的时间词语的研究主要有对方言中一日之内的时间(早晨、上午、中午、下午、白天、夜晚)的表达形式的考察;对汉语方言傍晚、夜晚义时间语素的共时分布与历时考察的专题研究;对方言季节类时间词语的共时分布与历时发展的考察。还分别对方言时点标志词、"什么时候"义时间疑问代词的共时分布与历时发展进行了专题考察。

对汉语方言日内时间的表达形式的考察表明,方言日内时间的表达或显或隐地体现出南北对立的趋势,这种南北对立在唐代已经明显。南方主要继承了上古时位语素,而北方则多采用中古乃至近代汉语才出现的时位语素。南方各方言的日内时间表达系统至迟在宋代已经基本定型。

对汉语方言傍晚、夜晚义时间语素的历时与共时的考察表明,历史的层积以及古代方言本身的差异造成现代方言夜晚义时位语素的复杂分布。汉语方言夜晚义时位成分有的主要在北方使用(如"宿/黄昏/晚夕"),有的主要在南方使用(如"夜/夜晚/晚夜"),有的仅见于少数南方方言(如"晡/昏/晏/暗/暝/旰")。南方诸方言时位表达系统至迟在宋代已经基本定型。

对方言季节类时间词语的考察表明,"春、秋、夏、热、冬、腊"在汉语方言中分布最为广泛,是汉语古老而基本的时位语素;"暑、寒、冷、清"可能是古代南方汉语的区域性时位语素。方言季节类时间词语的共时分布与各方言的形成历史、移民状况密切相关。

汉语方言时点标志词可以分为"辰X"类、"时X"类、其他类三大类。时点标志词主要有同义并用的复合式合成词和附加式合成词两大类。

汉语方言"什么时候"义时间疑问代词主要有三种类型:疑问词+时点标志成分、疑问词+时量成分、疑问词+动量成分。动量成分原指行为的量，在方言中进一步虚化表示时间的量，因为时量时点本身具有模糊性，它们也就得以用于询问时点。

本书还对汉语方言部分时段词语进行了探讨。

对汉语方言主观时量时间词的共时分布与历时演变的考察表明，汉语方言<一会儿>及<一段时间>义主观时量词的分布具有明显的地域色彩。它们主要有四个来源：从客观时量词引申为主观时量词；由偏正式动词短语发展演变而来；由原指延续一段时间的动作转指而来；由空间距离隐喻为主观时量词。方言主观时量表达系统在宋元时期大体已经定型。

此外，本书还采用词汇化理论和隐喻认知理论对汉语方言时间词语进行专题研究，并对《汉语方言大词典》中所收的时间词语存在的问题进行分析。

研究表明，方言中"来"类时间词语，由同形的主谓短语发展而成的词语和由词缀"来"构成的附加式词语较多。"X来"词汇化历程中存在渐变性、溶合性、聚结性、去理据性、隐喻化等现象；与语法化一样都有共存现象、类推现象。

对汉语方言"来去"类时间词语的考察表明：方言中"来/去（往）"构成的时间词语采用"时间移动"和"观察者移动"两种隐喻认知方式，而以"时间移动"方式为主；古今"来去"式时间认知方式并无不同。

《汉语方言大词典》虽然规模宏大，搜罗广泛，但所收的方言时间词语也还存在一些问题。

本书从不同的角度，从微观和宏观两方面考察了汉语方言时间词语的内部构成、表达的时间意义；从这些时间词语的共时分布情况出发，结合汉语史，对这些时间词语的历时发展及影响共时分布的因素进行了分析。本书还从词汇化、隐喻认知、时空隐喻的角度，探讨汉语方言时间表达的相关理论问题。但是，由于方言时间概念表达形式的复杂性，本书的考察还是粗线条的，远远谈不上细致深入，只在几个专题上做了粗浅探讨，许多领域没有涉略到。希望在以后的时间表达研究中能进一步深化。

附　录

方言时间词语中方位成分的泛化现象及其成因[①]

本节要点：汉语方言中一些时间词中的方位成分发生维向的泛化与混同，相同意义的时间词在不同的方言区采用相同的时间成分，但采用不同的方位成分。泛化都出现在"N+方"结构中。这跟汉语方所成分的丰富与发展，与方位短语"N+方"方所化范畴的确立分不开。泛化与混同涉及人们的认知心理，也与各方所成分的原始空间义有关。

时间是物质存在的基本形式，时间观念是人类最重要的观念之一。时间因其不可触摸的抽象性，人们往往需要借助空间概念表达它。语言中的空间方所成分就常常用于表达时间。中国幅员辽阔，各地方言差别很大，既是汉语的空间变体，也是汉语的时间变体。以至于海外语言学界往往将汉语方言称为汉语族语言（The Sinitic languages）。正如张敏（2010）所言，对汉语的时间变体和空间变体的差异进行比较，其实已无异于跨语言比较。[②] 因此，对汉语方言时间词中的方所成分进行考察比较，不仅有助于深化汉语方言词语的词汇化的认识，也有助于深化方所成分的发展演化的研究。

在汉语方言中有不少"时间成分+方位成分"构成的时间词，如"春

[①] 拙著《汉语时空隐喻表达式的历时研究》（中国社会科学出版社2019年版，第291—293页）专题讨论"时间成分+方位成分"方位成分的泛化及其原因，但不是从方言视角，较少使用方言材料，本节则主要从方言材料出发，增加了一些方言材料。为课题的完整性，将本节附录于此。

[②] 参张敏《"语义地图模型"：原理、操作及在汉语多功能语法形式研究中的运用》，《语言学论丛》2010年第42辑。

上""夜边""夜间"等。① 其中有一种现象值得我们特别关注。一些时间词在不同的方言区采用相同的时间成分，但采用不同的方位成分，它们表示的时间意义是相同的。

1. 方言时间词语中方位成分的泛化现象

（1）季节

a. 表示春天、春季。时间语素"春"后的方位成分有"里""间""上/上头/上里"等。如：

春里（山东寿光、淄博、桓台、河北石家庄、衡水、沧州、西安、万荣、崇明、厦门）春间（江西玉山）春上（哈尔滨、徐州、扬州、银川、绩溪、娄底、南昌、黎川）春上子（江西上犹社溪）春上头（安徽绩溪、福建武平）春上里（湖南耒阳）

b. 表示秋季、秋天。时间语素"秋"后的方位成分有"里、上、下"等。如：

秋里（石家庄、沧州、衡水、阳原、张家口、邯郸、山东平邑、汾西、西安、万荣、兰州、崇明、温州）秋上（河北承德、唐山、沧州、衡水、天津、山东淄博、桓台、青岛、陕西宝鸡、绥德、山西岚县、忻州、贵州黎平）秋下（襄樊）

c. 表示冬季、冬天。时间语素"冬"后的方位成分有"间、下/下里"。如：

冬间（万荣）冬下（于都）冬下里（萍乡）

（2）春节前后。时间语素"年"后的方位成分有"下/下头、边"。如：

---

① 方言材料均来自《现代汉语方言大词典》及《汉语方言大词典》（1999年版），以下不再特别说明。

年下（山东博山、梁山、济南、河南洛阳、山西隰县、临猗、永济、运城、吉县、岚县、忻州、湖北武汉、江西瑞金、广东潮州）年下头（福建连城庙前）年边（温州）

(3) 正月初头。时间语素"年初/年"后的方位成分有"上""下"等。如：

年初上（绩溪）年下（洛阳、万荣）

(4) 一日之内的某段时间。
a. 表示白天。时间语素"日"后的方位成分有"里/里头/里向""上"。如：

日里（扬州、武汉、柳州、丹阳、崇明、上海、苏州、宁波、温州、金华、娄底、萍乡）日上（南昌、黎川）

b. 表示早晨。时间语素"早"后的方位成分有"上""下"，时间成分"晨朝""朝晨"后的方位成分有"边子""头"。如：

早上（扬州、南京、南昌）早下（河北昌黎）早头（雷州、海口、广东潮阳、海康、福建建瓯、福州、福清）早起里（西宁）晨朝边子（于都）朝晨头（崇明）

c. 表示晚上、夜里。时间语素"夜"后的方位成分有"上、下、里、间"，"黑"后的方位成分有"里、间"，"晚"后的方位成分有"上、间"等，"晚晨"后的方位成分有"间"，"暗"后的方位成分有"上"等。

夜上（黎川、绩溪）夜下（安徽安庆、绩溪、江西彭泽）夜里（哈尔滨、济南、柳州、温州、金华、南昌、南宁平话）夜间子（长沙）晚上（哈尔滨、扬州、南京、武汉、济南、成都、贵阳、乌鲁木齐、杭州）晚晨间（贵州赫章）黑里（新疆吐鲁番、鄯善、乌鲁木齐、陕西绥德、陕西北部、河北阳原、河南济源）黑间（北京、河北中部、东部、山西吉县、万荣、离石、文水、隰县、临县、陕西北部）暗上（海南琼山）

d. 表示黄昏、傍晚。时间语素"晚/夜/晏/暗/靠夜/黄昏"后的方位成分有"边、头[1]"。如：

晚边（福建南平、崇安）晚儿边（浙江云和）晚边子（长沙）晚头（江苏海门、启东）晚快边（杭州、上海）夜快头（上海、江苏吴江、江阴、昆山、常州、浙江嘉兴、余姚、宁波）晏边（浙江苍南金乡）晏头（广东潮阳）暗边（浙江文成、福建泰宁、明溪、建阳、将乐、沙县、三明、顺昌洋口）暗头（福建邵武）断暗边（福建永定）临暗头（梅县）靠夜边（浙江龙游）靠夜头（浙江浦江、江苏丹阳）黄昏边（温州）黄昏头（温州）

e. 表示中午或将近中午。时间语素"昼/昼心/晏昼"后的方位成分有"边、头"等。如：

昼心边子（福建武平）昼心头（江苏江阴）晏昼边子（于都）晏昼头（浙江余姚、绍兴、嵊州崇仁镇）昼边里（江西新余）昼头（福建邵武）

(5) 其他时间

a. 表示今天。时间语素"今"后的方位成分有"下""里"。如：

今下（江西宜春、高安老屋周家）今里（山东济宁[2]、河北涉县）今儿里（山东济宁、曲阜、河南洛阳、新安、新野）

---

[1] 以下的此处"头"并非词缀，因为还有<边>的意思，指一个时段的开始阶段，与一般的词缀"头"不同。例如"晚头"有的地方指晚上、夜间。如江苏溧水、南通、浙江宁波、仙居、黄岩、东莞、广东宝安沙井。这些地点的"头"是词缀，因为"头"没有具体意义。

[2] 1927年《济宁县志》："今里犹言今天。"参《汉语方言大词典》"今里"条。

b. 泛指过去。时间语素"早"后的方位成分有"头""里"等。如：

早头（东北、广东潮阳）早头里（襄汾）早里（山东寿光、临朐）早里时（山东利津）早里霎（山东淄博、桓台）

从以上时间词语可以看出，表示同一个时间概念时，不同方言往往采取相同的时间语素，而采用不同的方位成分与该时间语素组合。

我们知道方位词在空间概念里一般有着确定的方位指向。空间方位成分在构建空间—时间的概念框架时也有着确定的具体维向。但是上面的语言现象表明这些方位成分在表示时间时出现维向的混同乃至消失，表现出泛向性。这些泛化现象都出现在"N+L"的结构中。

考察上面的时间词语，这些时间词语中发生泛化的方位词主要在"上—下—头—里—间""边—头"两组之间。

其实，不仅是方言时间词语中方位词有泛化现象，在空间概念中也有类似现象。例如：

（1）"头"在方言中除表示人或动物的头部外，还有表示空间方位的用法，这些用法有的体现出维向的混同。如：

表示里、里面。如：锅头有了，碗头也就有了。（成都）
表示某物的附近，相当于"边"。如：耳朵头_{耳朵边}。（浙江苍南金乡）
表示某物的表面，相当于"上"。边厢头、马桶头。（浙江苍南金乡）

（2）此外，"里"相当于"上"的用法，如：枱里_{桌上。丹阳}、面里_{面上。丹阳}。

（3）西安的"下"就有用如"上"的用法。如：脸下_{脸上。西安}、墙下_{墙上。西安}、桌子下_{桌子上。西安}。

2. 方言时间词语中方位成分泛化的原因

（1）"上—下—里—间"的维向混同

赵元任先生（2001）曾指出"X上"的组合范围出现频率远远大于

"X下";① 周统权（2003）认为在现代汉语里，方位结构"X_1上/下"中的X_1（处所名词或用作处所义的名词），经过直接投射，目标结构"X_2上/下"中的X_2变成时间名词或抽象名词。当"上"被投射时选择的是位置高/低对立消失的"附着义"，而"下"在此义项上出现空缺，所以投射后形成了相应的不对称：有"X 上"存在（如"春上"）却没有"X 下"存在（如"春下"）。② 事实上，方言中诸如"秋上—秋下""早上—早下"之类普通话不存在而在方言存在的情况并不少见。这些学者所归纳的"上""下"不对称现象，与方言语言现象并不完全相符。

吴晓彤、闫新民（2005）认为汉语方位名词上/下均可用容纳图式来理解。③ 也就是说上/下的概念有时可与"在……里"等同起来。其实之所以存在上/下的概念与"在……里"等同的现象，是因为当"上""下"作为图形突出某物之外的部分时，不管是该物之外（或挨着）的高处或该物之外（或挨着）的低处，"X 上/X 下"都可以包括一定的范围，因而在认知上与"里"有共通之处。例如同样是表示夜晚，方言有"夜上—夜下、夜里、夜间子"等词形。

我们认为，与一般的"X 上"形成机制不同，"春上""秋上"之类并非源于"上—下"图式，而仅仅是词汇化过程中对词素的一个强制选择。

储泽祥（2006）指出，从西汉开始，汉语处所词逐渐发展，方位词使"N+L"的范畴方位化，方位词造就了一个实体空间，并把它的具体维向表现出来。在空—时隐喻映射过程中，同样需要在一个时间成分后添加方位成分，以造就一个空间化的时间概念。开始的时候，方位词在空间的维向是具体的确定的，直接映射到时间域，虽然发生从三维到一维的变化，但其维向也是相对具体的。但是随着方位成分的发展，它们隐含的本来作为背景知识的一些特点被人们所关注，这导致一些本来并不相同的方位成分的维向之间出现相似性，引起原本不同维向的方位词维向泛化。各类方位词的发展成熟是在南北朝之后，乃至唐代。④

---

① 参赵元任《汉语口语语法》，商务印书馆 2001 年版，第 192、278—279 页。
② 参周统权《"上"与"下"不对称的认知研究》，《语言科学》2003 年第 1 期。
③ 参吴晓彤、闫新民《汉语方位名词上/下的两种意象图式》，《安徽理工大学学报》2005 年第 2 期。
④ 参储泽祥《汉语处所词的词类地位及其类型学意义》，《中国语文》2006 年第 3 期。

事实上,"秋上"一词就是在南北朝出现的,这正是词汇激剧双音化且正是方位词系统形成并成熟的时代。之所以先出现"秋上",则是"上""下"语义序列的不对称造成的。

"春上"与此相类。"春"本是具有跨度的时点,当人们意图突出这个具有跨度的范围时,(当然,在汉语史上,由于汉语词汇双音化的趋势,"春"等词语本身需要附加另一个音节),需要在后面添加方位成分以造就一个概念空间,"上""下"这类本就具有范围内涵的方位成分也就成为候选成员。因此,出现意义相同而后加音节不同的"春上—春里""秋上—秋下""夜下—夜上"也就不足为奇了。

(2)"头—里—间"的维向混同

"头—里—间"的维向混同,跟人们对空间的感知有关。"头"在物体的前端或上方,但前端或上方同时也是具有一定范围的空间。当人们关注的是有跨度的整体时(跨度具有抽象的范围特征),由于汉语方位词语发展的成熟以及词语双音化的要求,需要在后面添加方位成分,以造就一个概念空间,于是"头"也和"里"一样成为候选成员。空间域中"X 里"的 X 一般是处所名词性成分,这一结构直接映射到时间域,X 是时间成分。因为 X 本身就是包括从起点到终点的具有跨度的时点,其间的任一点都属于该时点,因而"里"本身语义弱化,这使得它与"头"的维向混同。如表示过去义的"早头""早里"。据陈瑶(2003)考察,"头"表里义,南北朝已经出现。① 据汪维辉先生(1999)考察,方位词"里"在南北朝后期已大体具备了主要功能,至迟到晚唐五代"里"已经完全发展成熟。② 可见早在唐代"里""头"的维向就在一定程度上发生混同。

时间词能加上"头"表示该时间范围,这时"头"在意义上相当于

---

① 她认为"夜头"的产生比"夜里"早,实际上南北朝已有"今夜里",而"夜头"唐代才有。她认为在清代以前表"从天黑到天亮的一段时间"都用"夜头",到了清代"夜里""夜头"才并用,这没多少根据——唐代"夜里""今夜里"用例很多。她认为"头"表"里"义从北方官话中引退很可能是到清代以后才最终完成的,同样没多少依据,例如"晌午头"表示中午、正午,就出现在东北官话、冀鲁官话、胶辽官话、中原官话、晋语、江淮官话中。从方言看,"夜头"主要出现在江淮官话、西南官话、吴语、湘语、赣语、客话、闽语,但南方诸方言也用"夜里",如吴语、赣语等。参陈瑶《汉语方言里的方位词"头"》,《方言》2003 年第 1 期。

② 参汪维辉《方位词"里"考源》,《古汉语研究》1999 年第 2 期。

"里",强调了范围性。因为这些"X头"中X本身具有跨度范围义,因而"头"表示范围的作用弱化,已经失去了定向性。如"昼边里""昼头"。如果X是意义更加虚化的相对时间,"头"就类似于词缀。如:先头、早头、以头、刚头儿、将头、先头、马先头。

"间"的发展与之相似。从空间到时间,"间"可以表示两个时间之间的时点,如"八九月间",也可以用于表示某一个具有跨度的宏观时点中的任一时间,而这一用法跟"里""头""上""下"有相通之处。

(3)"边—头"的维向混同

"边"在空间维向的泛化,很早就开始了。王锳先生(1986:8—11)很早就指出唐宋时期"边"就可以表示中、上、下/底下等。如:

大漠风沙里,长城雨雪边。(高适《信安王幕府》,——中)
苏武天上上,田横海岛边。(李白《奔亡道中》,——上)
日暮望乡处,云边江树秋。 (刘长卿《金陵西泊舟临江楼》,——下)①

也就是说方位名词"边"在近代汉语中就已演变为泛用的空间方位标记。②"边"从空间直接映射到时间域,表示挨近某时的时间。因为挨近本身是个模糊概念,包括X的前和后,所以"X边"也有范围跨度;"头"也是在事物的边缘,这样"头""边"存在维向混同现象,都可以蕴含中、里的意义。

3. 结语

(1)在时间词语的表达中,方位成分维向的确定性与泛向性并存。

认知语言学认为人类概念系统的建构与定义都具有隐喻性质。以空间概念建构时间概念即是其中的一个体现。汉语方言中方位成分"上、下、里、中、间、边"等原表示空间关系的方位词语,经系统性结构映射到时间域,同样体现了这一思维的共性。

方位成分在时间词语的表达中的泛化与混同现象,与人们的认知心理有关,也与各自的原始空间义有关。例如"上/下"的概念与"在……

---

① 参王锳《诗词曲语词例释(增订本)》,中华书局1986年版。
② 参 Bernd Heine, TaniaKuteva 著,龙海平、谷峰、肖小平译 *World Lexicon of Grammaticalization*,世界图书出版公司2012年版,第379页附注。

里"等同的现象,是因为当"上""下"作为图形突出某物之外的部分时,不管是该物之外的高处或低处,"X上/X下"包括一定的范围,因而与"里"有共通之处。这种相通之处,既有认知上的因素,也与"上/下"本身的空间义有关联。

(2) 时间词语中方位成分维向的混同,跟汉语方位短语的丰富与发展分不开。

从西汉开始,汉语处所词逐渐发展,方位词使"N+L"的范畴方位化,方位词造就了一个实体空间,并把它的具体维向表现出来。[①] 在空—时隐喻映射过程中,同样需要在一个时间成分后添加方位成分,以造就一个空间化的时间概念。开始的时候,方位词在空间的维向是具体的确定的,直接映射到时间域,虽然发生从三维到一维的变化,但其维向也是相对具体的。但是随着方位成分的发展,它们隐含的本来作为背景知识的一些特点被人们所关注,这导致一些本来并不相同的方位成分的维向之间出现相似性,引起原本不同维向的方位词维向泛化。各类方位词的发展成熟是在南北朝之后,乃至唐代。如上考察,"头""里""边"等就是在唐代出现维向的混同现象,今天方言的相关用法与近代汉语有直接的关联,时间词语中方位成分的泛化都出现在"N+L"结构中。

(3) "N+L"短语中,选用哪一个方位成分,未必由意象图式决定,也可能与词汇化过程中对相关词素的强制性选择有关。例如"春上""秋上"并非源于"上—下"图式,而是词汇化过程中对词素的一个强制选择。原因在于"春"本是具有跨度的时点,当人们意图突出这个具有跨度的范围时,需要在后面添加方位成分以造就一个隐喻性的空间,"上""下"这类本就具有范围内涵的方位成分也就成为候选成员。而这,追根到底,还是与"N+L"短语的方位化有关。

[①] 参储泽祥《汉语处所词的词类地位及其类型学意义》,《中国语文》2006年第3期。

参考文献

一 著作

白维国主编,江蓝生、汪维辉副主编:《近代汉语词典》,中华书局 2015 年版。

蔡言胜:《〈世说新语〉方位词研究》,南开大学出版社 2008 年版。

曹志耘主编:《汉语方言地图集·词汇卷》,商务印书馆 2008 年版。

常玉芝:《"翌"的时间所指》,《徐中舒先生百年诞辰纪念文集》,巴蜀书社 1998 年版。

陈忠:《认知语言学研究》,山东教育出版社 2006 年版。

陈章太、李行健:《普通话基础方言基本词汇集》,语文出版社 1996 年版。

辞海编辑委员会:《辞海》,上海辞书出版社 1999 年版。

崔达送:《中古汉语位移动词研究》,安徽大学出版社 2005 年版。

崔荣昌:《成都话音档》,上海教育出版社 1997 年版。

邓飞:《商代甲金文时间范畴研究》,人民出版社 2013 年版。

丁声树:《"早晚"与"何当"》,《历史语言研究所集刊》第 20 册(下),中华书局 1987 年版。

丁声树等:《现代汉语语法讲话》,商务印书馆 1961 年版。

董秀芳:《词汇化:汉语双音词的衍生与发展》(修订本),商务印书馆 2011 年版。

董志翘:《〈入唐求法巡礼行记〉词汇研究》,中国社会科学出版社 2000 年版。

段玉裁:《说文解字注》,上海古籍出版社 1981 年版。

方一新:《东汉魏晋南北朝史书词语笺释》,黄山书社 1997 年版。

葛剑雄:《中国移民史(二)》,福建人民出版社 1997 年版。

韩光辉：《北京人口历史地理》，北京大学出版社 1996 年版。

汉语大字典编辑委员会：《汉语大字典》（第二版），四川辞书出版社 2010 年版。

何亮：《中古汉语时点时段表达研究》，巴蜀书社 2007 年版。

何亮：《汉语时空隐喻表达式的历时研究》，中国社会科学出版社 2019 年版。

侯精一主编：《现代汉语方言概论》，上海教育出版社 2002 年版。

胡松柏、林芝雅：《铅山方言研究》，中国社会科学出版社 2008 年版。

蒋绍愚：《汉语"天"的意义的演变》，《汉语词汇语法史论文续集》，商务印书馆 2012 年版。

蒋绍愚：《汉语历史词汇学概要》，商务印书馆 2015 年版。

蒋绍愚、曹广顺主编：《近代汉语语法史研究综述》，商务印书馆 2005 年版。

李崇兴、黄树先等：《元语言词典》，上海教育出版社 1998 年版。

李福印：《认知语言学概论》，北京大学出版社 2008 年版。

李行健：《河北方言词汇编》，商务印书馆 2012 年版。

李捷、何自然、霍永寿：《语用学十二讲》，华东师范大学出版社 2011 年版。

李荣主编：《现代汉语方言大词典》（合订本），江苏教育出版社 2002 年版。

李如龙：《汉语方言学》，高等教育出版社 2001 年版。

李如龙、潘渭水：《建瓯方言词典》，江苏教育出版社 1998 年版。

李向农：《现代汉语时点时段研究》，华中师范大学出版社 1997 年版。

刘丹青：《南京话音档》，上海教育出版社 1997 年版。

刘文英：《中国古代的时空观（修订本）》，南开大学出版社 2000 年版。

鲁国尧：《泰州方音史及通泰方言史研究》，《鲁国尧语言学论文集》，江苏教育出版社 2003 年版。

罗竹风主编：《汉语大词典》，汉语大词典出版社 1994 年版。

吕叔湘著，江蓝生补：《近代汉语指代词》，学林出版社 1985 年版。

钱曾怡主编:《汉语官话方言研究》,齐鲁书社 2010 年版。
束定芳:《认知语义学》,上海外语教育出版社 2008 年版。
汪维辉:《东汉—隋常用词演变研究》,南京大学出版社 2000 年版。
汪维辉:《汉语核心词的历史与现状研究》,商务印书馆 2018 年版。
王凤阳:《古辞辨》,吉林文史出版社 1993 年版。
王凤阳《古辞辨》(增订本),中华书局 2011 年版。
王海棻:《古汉语疑问范畴词典》,江苏教育出版社 2001 年版。
王海棻:《古汉语时间范畴词典》,安徽教育出版社 2004 年版。
王云路:《中古汉语词汇史》,商务印书馆 2010 年版。
魏耕原:《全唐诗语词通释》,中国社会科学出版社 2001 年版。
吴安其:《文献语言的解释》,中国社会科学出版社 2010 年版。
吴松弟:《中国移民史(三)》,福建人民出版社 1997 年版。
吴松弟:《中国移民史(四)》,福建人民出版社 1997 年版。
许宝华、宫田一郎主编:《汉语方言大词典》,中华书局 1999 年版。
许宝华、宫田一郎主编:《汉语方言大词典》(修订本),中华书局 2020 年版。
杨同用:《汉语篇章中的时间表现形式研究》,语文出版社 2007 年版。
杨月蓉主编:《重庆市志·方言志》,重庆出版集团 2012 年版。
姚孝遂、肖丁:《小屯南地甲骨考释》,中华书局 1985 年版。
游汝杰:《汉语方言学教程》,上海教育出版社 2004 年版。
游汝杰、杨乾明:《温州方言词典》,江苏教育出版社 1998 年版。
游顺钊:《论语言中的时间指向问题》,《视觉语言学论集》,语文出版社 1994 年版。
袁宾、段晓华:《宋语言词典》,上海教育出版社 1997 年版。
张燕:《语言中的时空隐喻》,语文出版社 2013 年版。
张建理:《汉语空间—时间隐喻的深层对比研究》,《语言与认知研究》,社会科学文献出版社 2008 年版。
张玉金:《甲骨文语法学》,学林出版社 2001 年版。
赵艳芳:《认知语言学概论》,上海外语教育出版社 2002 年版。
赵元任:《汉语口语语法》,商务印书馆 2001 年版。
中国社会科学院语言研究所古代汉语研究室编:《古代汉语虚词词

典》，商务印书馆 1999 年版。

［美］罗杰瑞：《汉语概说》，张惠英译，语文出版社 1995 年版。

［日］桥本万太郎：《语言地理类型学》，余志鸿译，北京大学出版社 1985 年版。

［日］岩田礼：《汉语方言解释地图》，白帝社 2009 年版。

Bernd Heine，TaniaKuteva：*World Lexicon of Grammaticalization*，龙海平、谷峰、肖小平译，世界图书出版公司 2012 年版。

Croft，William：《认知域在隐喻和转喻解释中的作用》，《认知语言学基础》，邵军航、杨波译，上海译文出版社 2012 年版。

Dirk Geeraerts 主编：《认知语言学基础》，邵军航、杨波译，上海译文出版社 2012 年版。

George Lakoff：《现代隐喻理论》，《认知语言学基础》，邵军航、杨波译，上海译文出版社 2012 年版。

George Lakoff，Mark Johnson：《我们赖以生存的譬喻》，周世箴译，联经出版事业股份有限公司 2006 年版。

二 期刊论文

鲍明炜：《南京方言历史演变初探》，《语言研究集刊》1986 年第 1 辑。

蔡淑美：《现代汉语"前、后"时间指向的认知视角、认知机制及句法语义限制》，《当代语言学》2012 年第 2 期。

陈昌来、张长永：《"后来"的词汇化及相关问题》，《汉语学习》2009 年第 4 期。

陈昌来、张长永：《"由来"的词汇化历程及其相关问题》，《世界汉语教学》2010 年第 2 期。

陈昌来、张长永：《时间词"将来"的词汇化历程及其指称化机制》，《鲁东大学学报》2010 年第 5 期。

陈昌来、张长永：《"从来"的词汇化历程及其指称化机制》，《上海师范大学学报》2011 年第 5 期。

陈海波：《〈史记〉中的时量、时点和时段》，《语言研究》2004 年第 3 期。

陈瑶：《汉语方言里的方位词"头"》，《方言》2003 年第 1 期。

储泰松：《唐代的方言研究及其方言观念》，《语言科学》2011 年第 2 期。

储泽祥：《汉语处所词的词类地位及其类型学意义》，《中国语文》2006 年第 3 期。

杜翔：《论时间标志词的来源与流变》，《周口师范学院学报》2002 年第 4 期。

段文清：《"次"的时间义及其源流》，《四川大学学报》1991 年第 1 期。

范学建、陈平：《论闽语时间名词"字"》，《温州大学学报》（社会科学版）2008 年第 6 期。

甘于恩：《广州话"听日"的语源》，《中国语文》2003 年第 3 期。

韩玉强，刘宾：《汉语空间隐喻时间中的"前""后"认知》，《修辞学习》2007 年第 4 期。

何亮：《东汉至隋三时时点表达考察》，《语言科学》2006 年第 6 期。

何亮：《中古汉语约量时段的表达》，《汉语史学报》2006 年第 6 辑。

何亮：《从汉语史角度审视"来去"式时间表达的隐喻方式》，《北方论丛》2007 年第 3 期。

何亮：《表时结构"黄昏左右"与"黄昏左侧"的认知解析》，《泰山学院学报》2012 年第 4 期。

何亮：《汉语方言"X 来"类时间词探析》，《科学·经济·社会》2012 年第 4 期。

何亮：《从方言看汉语"来去"式时间词语的隐喻认知问题》，《语言研究集刊》2013 年第 11 辑。

何亮：《汉语时空隐喻的意象图式表征系统及其表达体系》，《北方论丛》2015 年第 2 期。

何亮：《汉语人体/物体部位词语的空-时语义演变》，《古汉语研究》2016 年第 1 期。

何亮：《"前""后"的时间指向及时间认知的古今差异》，《重庆师范大学学报》2018 年第 4 期。

何亮：《汉语空间指代词的空-时同指现象》，《汉语史研究集刊》2019 年第 1 辑。

江蓝生：《概数词"来"的历史考察》，《中国语文》1984 年第 2 期。

江蓝生：《时间词"时"和"后"的语法化》，《中国语文》2002年第4期。

郎大地：《"时候"·时位·多陈述偏正句》，《语言研究》1997年第1期。

黎新第：《官话方言促变舒声的层次和相互关系试析》，《语言研究》1987年第1期。

梁银峰：《现代汉语"X来"式合成词溯源》，《语言科学》2009年第4期。

廖秋忠：《空间方位词和方位参考点》，《中国语文》1989年第1期。

林焘：《北京话溯源》，《中国语文》1987年第3期。

刘瑾：《时间表达式"等明天"和"赶明儿"的认知解析》，《首都师范大学学报》2009年第6期。

刘哲：《汉语"前""后"的时间指向及其不对称的成因》，《解放军外语学院学报》1992年第2期。

刘甜：《时间系统中"前后"和"来去"的认知隐喻分析》，《甘肃社会科学》2009年第1期。

刘百顺：《汉魏六朝"年""月""日"的表达》，《中国语文》1997年第6期。

刘百顺：《古汉语年月日表达法考察》，《语言科学》2004年第5期。

刘红妮：《词汇化与语法化》，《当代语言学》2010年第1期。

刘俐李：《新疆汉语方言的形成》，《方言》1993年第4期。

鲁国尧：《"颜之推谜题"及其半解（上）》，《中国语文》2002年第6期。

陆丙甫：《时间表达的语法差异及其认知解释——从"年、月、日"的同类性谈起》，《世界汉语教学》2005年第2期。

陆俭明：《现代汉语时间词说略》，《语言教学与研究》1991年第1期。

陆书伟：《从山东东平方言中时间词的变化看人民生活的变迁》，《绥化学院学报》2010年第3期。

聂鸿音：《从谐音字和叶韵字论〈红楼梦〉的基础方言》，《红楼梦学刊》1987年第2期。

沈家煊：《语用原则、语用推理和语义演变》，《外语教学与研究》

2004 年第 4 期。

史佩信：《汉语时间表达中的"前后式"与"来去式"》，《上海师范大学学报》2004 年第 2 期。

史文静：《东北官话表示方位和时间的后加成分与相关词语》，《语文研究》2010 年第 2 期。

汤传扬：《也论汉语方言［昨天］［今天］［明天］的时间表达系统及其来源》，《中国语文》2018 年第 6 期。

汪维辉：《方位词"里"考源》，《古汉语研究》1999 年第 2 期。

汪维辉：《域外借词与汉语词汇史研究》，《江苏大学学报》2009 年第 1 期。

王虎：《古汉语短时语义场研究》，2014 年第十二届全国古代汉语学术研讨会论文，吉林长春。

王庆：《说"次"》，《励耘学刊》（语言卷）2010 年第 1 辑。

王灿龙：《说"VP 之前"与"没（有）VP 之前"》，《中国语文》2004 年第 5 期。

王灿龙：《词汇化二例——兼谈词汇化与语法化的关系》，《当代语言学》2005 年第 3 期。

王灿龙：《谈以"生""死"为参照的几个时间词语》，《中国语文》2017 年第 5 期。

王云路：《从"凌晨"谈汉语时间词的同步构词》，《浙江大学学报》（人文社会科学版）2021 年第 5 期。

文旭、熊荣敏：《参照点与空间指示》，《外语学刊》2010 年第 1 期。

吴福祥：《汉语方所词语"後"的语义演变》，《中国语文》2007 年第 6 期。

伍铁平：《表示"明天"和"昨天"的词的类型学研究》，《语言教学与研究》1993 年第 4 期。

徐丹：《从认知角度看汉语的两对空间词》，《中国语文》2008 年第 6 期。

徐丹：《古汉语里的纵向时间表达》，《语言科学》2016 年第 1 期。

徐曼曼：《近指代词"兹"、"此"、"这"历时更替考》，《西南交通大学学报》2012 年第 1 期。

徐世荣：《"一会儿"的来历》，《语言文字应用》1995 年第 3 期。

岩田礼：《汉语方言〈明天〉、〈昨天〉等时间词的语言地理学研究》，《中国语学》2007 年第 254 号。

颜景常：《〈西游记〉诗歌韵类和作者问题》，《明清小说研究》1988 年第 3 期。

杨吉春：《数量结构"一下"的衍生及其发展》，《云南师范大学学报》2006 年第 6 期。

殷晓杰：《近代汉语"一会儿"义词的历时演变与共时分布》，《南开语言学刊》2010 年第 1 期。

游汝杰：《合璧词与汉语词汇的双音节化》，《语言研究集刊》2012 年第 9 辑。

张光宇：《东南方言关系综论》，《方言》1999 年第 1 期。

张建理：《汉语时间系统中的"前""后"认知和表达》，《浙江大学学报》2003 年第 5 期。

张建理、丁展平：《时间隐喻在英汉词汇中的对比研究》，《外语与外语教学》2003 年第 9 期。

张敏：《"语义地图模型"：原理、操作及在汉语多功能语法形式研究中的运用》，《语言学论丛》2010 年第 42 辑。

张清常：《说"礼拜"——语文与文化的关系之一例》，1993 年第四届国际汉语教学讨论会论文选。

朱庆之：《对"来日"一语的汉语史和文学史考察》，《语言科学》2013 年第 1 期。

［日］岩田礼：《汉语方言"祖父""外祖父"称谓的地理分布——方言地理学在历史语言学研究上的作用》，《中国语文》1995 年第 3 期。

［日］岩田礼：《汉语方言〈明天〉、〈昨天〉等时间词的语言地理学研究》，《中国语学》2007 年第 254 号。

三　学位论文

陈莉：《〈训世评话〉词汇研究》，硕士学位论文，南京大学，2006 年。

陈挥地：《〈唐语林〉时间词语研究》，硕士学位论文，安徽大学，2014 年。

陈振宇：《事件结构的语义学理论研究——兼论论元的语义角色的判

定操作》，博士后研究工作报告，北京大学，2008 年。

郭杰：《祖堂集时间词语研究》，硕士学位论文，上海师范大学，2008 年。

李蓝：《西南官话内部声母与声调的比较研究》，博士学位论文，中国社会科学院研究生院，1995 年。

吴芳：《先秦汉语时间词汇形成发展的认知·文化机制》，博士学位论文，华中师范大学，2009 年。

余东涛：《现代汉语时间词研究》，博士学位论文，华中师范大学，2006 年。

张倩倩：《东汉译经时间词语研究》，硕士学位论文，北京外国语大学，2017 年。

张长永：《现代汉语表时双音词"X 来"的词汇化及语法化问题研究》，硕士学位论文，上海师范大学，2009 年。

后　记

出版这本书，是为了告别——向我曾花费了十几年精力的汉语时间表达研究作别。

2003年7月硕士毕业离开贵阳前，曾请教袁本良老师，请他对博士论文选题提点建议。袁老师说时间范畴可以考虑。

没想到此后十六年，我的大部分精力都花在汉语时间表达上。其间我读完博士来到重庆，教书，写作，生活，结婚生子，作为汉语教师远涉重洋……也曾心有旁骛，但念兹在兹的，始终不曾放弃时间表达的研究。

我想我大概算得上一个能够专注的人。屈原《楚辞·卜居》说"尺有所短，寸有所长"，我清楚我的短处，专注与持之以恒算是我的"所长"吧。

加上这本《汉语方言时间词语的多角度研究》，在时间表达方面，我有了三本专著。

第一本，2007年巴蜀书社出版的《中古汉语时点时段表达研究》，是我的博士论文。出版时书稿几乎未做改动。这一方面是因为博士论文花了很长时间，校对较为精细，我认为无须修改，另一方面也是因为那段时间刚参加工作，教学工作太过繁忙，无暇顾及。这本书从时点时段词语和时点时段结构两个方面叙述了中古汉语时段表达形式及其发展，全面考察中古时期时点时段的表达形式和语义、语法功能，说明其历时的发展演变，并对相关问题作理论探讨。

那时并不知道评价体系中出版社还分为三六九等，直到我去找科研处领导签字。他该是理工科出身，嘟囔着巴蜀书社不是A级，不能把钱浪费了。我愕然无语，一则我知道巴蜀书社是一个非常严肃水平很高的出版社，二则这是我自己的安家费——为生活而奔波的我后来无数次痛心疾首我对金钱的大手大脚。编辑黄云生老师极为认真负责，出版社还寄来两大扎用牛皮纸精心包裹的赠书。

第二本，2019 年中国社会科学出版社出版的《汉语时空隐喻表达式的历时研究》，是我同名国家社科基金项目的结项成果。这本书以认知语言学相关理论为基础，以概念隐喻理论为核心，试图对汉语时空隐喻的表达式进行历时的系统的研究。乘着学校提档升级的东风，感谢学院领导的支持，这本书得以顺利出版。友生戴丽姗帮我校对书稿，节省了我不少时间。

现在的这本《汉语方言时间词语的多角度研究》，则是在我教育部人文社科研究规划基金项目"现代汉语方言时间语词的多角度研究"（项目编号 11YJA740027）结项成果的基础上进一步扩充而成的，主要是描写汉语方言时间词语的共时分布与历时发展，并试图结合汉语史、移民史对这种分布与发展现状进行解释，对一些语言现象还从认知语言学视角进行多角度的研究。其中一些章节作为前期成果在各类刊物发表过，感谢匿名审稿专家的宝贵意见。一些文章还得到吴福祥、汪维辉等先生的指导。感谢学院领导的政策支持，使得本书具有了出版的可能。

这本书离我当初申报课题时的设想，相差太远——方言时间表达实在太过分歧复杂，本书所涉及的只是方言时间词语的很小一部分。虽然汉语时间表达还有许多值得研究的问题，但 2019 年后我还是下定决心要告别这一领域。

"五十知天命，吾其达此生。"可能因为自身条件不佳，我似乎有着与生俱来的强烈的危机意识，我常常检视自己。《后汉书·冯衍传》中范晔借冯衍的口说："明者见于无形，智者虑于未萌。"退休尚早，面对各类考评，虽然常觉力不从心，但生活还得继续。总想起臧克家的咏老黄牛诗："块块荒田水和泥，深翻细作走东西。老牛亦解韶光贵，不待扬鞭自奋蹄。"

迷茫的一两年中，读了不少闲书，包括重读了《汉书》《后汉书》。有段时间，恍惚觉得已然"究天人之际，通古今之变"，这当然是可笑的幻觉。"人生固有命，天道信无言"是真的，"人生意气须及早，莫负当年行乐心"是真的，"人生似幻化，终当归空无"也是真的。

当代作家柳青曾说："人生的道路虽然漫长，但要紧处常常只有几步，特别是当人年轻的时候。"我常常想起我的高考补习，三次考研，那该是我人生的要紧之处吧。

经常在梦中回到东升高中那间墙壁永远渗着盐霜的红砖房，也常常在恍惚间仿佛置身于大朗镇那家早已忘却名字的台资鞋厂的车间。感谢那个充满生机万物勃兴的年代，给了我努力的机会。感谢上天的眷顾，既没有把我甩进颓废自弃的"三和大神"的行列，也没有把我固定在工厂，成为日复一日车间流水线计件工的一员。

　　感谢那些对我充满善意的人们。我的亲人们，我的老师们，我的同学们，我的同事们，我的朋友们，我的学生们，还有那些听闻其名素未谋面的师友。想起你们，我常会心一笑，温暖在心。

　　"寂寞书斋里，终朝独尔思。"近年以来，寂寞越来越频繁侵扰。跟寂寞相伴的，是怀旧。"强吟怀旧赋，已作白头翁。"在时间的长河里，那些事，那些喜，那些痛，都如风如烟，终将消散。

　　感谢袁本良先生慨然应允为本书作序。感谢中国社会科学出版社的宫京蕾老师、赵雪姣老师为本书付出的劳动。

　　书中肯定有不少谬误，请方家智者一笑置之。